Robert Jungk/Norbert R. Müllert

Zukunftswerkstätten

Mit Phantasie gegen Routine und Resignation

Verlag Volk und Welt
Berlin

ISBN 3-353-00728-8
1. Auflage
Lizenzausgabe des Verlages Volk und Welt, Berlin 1990
für die Deutsche Demokratische Republik
L. N. 302

Printed in the German Democratic Republic
Bildnachweis: Stephan G. Geffers/Angelika Solle
Einbandentwurf: Hans-Joachim Petzak
Satz: Fotosatz Völkl, Germering
Druck und Einband: Karl-Marx-Werk Pößneck V15/30
LSV 7312
Bestell-Nr. 649 227 4

DDR ~~9,80~~ M
10,80

Inhalt

Wir wollen mit diesem Handbuch zur Erprobung der Zukunftswerkstätten anregen. Dabei verstehen wir sie nicht als etwas Endgültiges, sondern als ein durch ständiges Experimentieren weiterzuentwickelndes Demokratisierungsinstrument. Wir freuen uns auf Erfahrungsberichte.

Robert Jungk *Norbert R. Müllert*

Wichtig ist, daß Gruppen, die über Erneuerung nachdenken, der Gesellschaft helfen zu erfahren, wessen sie fähig ist.

Félix Guattari

Am Beginn einer Innovation findet man stets kleine Gruppen, eine aktive Minderheit – selbst wenn sie auf Bedürfnisse der Mehrheit Antworten gibt.

Serge Moscovici

Vorwort

Seit der ersten Veröffentlichung unseres kleinen Buches über die »Zukunftswerkstätten« im Jahre 1981 sind wir auf ein unerwartet starkes Echo gestoßen, nicht nur im ganzen deutschen Sprachraum (besonders in der Schweiz), sondern auch in England, Skandinavien, Finnland und der Sowjetunion.

Die Verschärfung der Krisen, vor allem der Umweltkrise, sowie die Häufung von Pannen und Katastrophen aller Art lassen viele Betroffene darüber nachdenken, wie sie dazu beitragen können, sich gegen den drohenden Untergang zur Wehr zu setzen. Hier bietet sich die Methode der »Zukunftswerkstatt« an – als eine Möglichkeit verstärkter konstruktiver Mitwirkung bei der Lösung bedrängender Probleme.

Das Versagen der grandiosen Zukunftsvisionen des Kapitalismus, des Sozialismus, der Technokratie, des Sozialstaats und der Weltreligionen führte dazu, daß dezentrale, lokale und regionale Konzepte der Selbstbestimmung und Selbsthilfe als schneller erreichbar und durchsichtbarer für alle erkannt worden sind.

Wir haben an die Phantasie und die vernachlässigte soziale Tatkraft der Bürger appelliert, und die Wirkung zeigt uns, daß wir gehört worden sind. Aber wir haben auch zugehört. Verbesserungs- und Erweiterungsvorschläge, gemachte Erfahrungen, weitere Methoden sind in diese neue Ausgabe eingearbeitet worden. Wir sind immer noch am Anfang, aber schon ein gutes Stück weiter.

Wie geht es weiter?
fragen heutige Menschen voller Sorge. »Es« – darin drücken sich die Vorstellung und die Einstellung aus, daß ein unpersönliches, unvermeidliches, unbeeinflußbares Schicksal unserer harrt. »Es« – das ist die Summe der Schrecklichkeiten, denen man täglich zuschaut, ohne etwas dagegen tun zu können. »Es« stellt sich in unfaßbaren Bildern und Zeichen dar. »Es« verlangt Anpassung an das Unerträgliche. »Es« ist Ausdruck der wehrlosen Ohnmacht.

Wie gehen wir weiter?
fragen sich immer mehr Menschen, die der Zukunftsangst nicht erliegen wollen. Ihnen, die nicht auf das warten, »was auf uns zukommt«, sondern ihre Resignation abschütteln, ist dieses Handbuch gewidmet: als Hilfsmittel für die Bemühungen, eigene Wege des Lebens und Überlebens zu entdecken.

Robert Jungk *Norbert R. Müllert*

I.
Die Zukunft geht uns alle an

Eine Lücke im demokratischen System

»Kommen Sie mal in meine Küche«, sagte die Hausfrau, die aus einer verschlissenen, aber ziemlich geräumigen und gemütlichen Altbauwohnung unweit des Zentrums in ein paar glatte, enge Wohnzellen am äußersten Stadtrand ›umgesetzt‹ worden war. »Das kann doch nur ein Mann geplant haben. Jede spätere Benutzerin hätte schon vorher gewußt, daß man in einer solchen Sardinenbüchse nicht arbeiten kann. Aber uns fragt ja vorher niemand.«

Solche Beschwerden hört man landauf, landab. Trotz allem Gerede über ›Bürgerbeteiligung‹ werden Entscheidungen, die das Alltags- und Berufsleben von Hunderttausenden einschneidend beeinflussen, ohne ihr Wissen und über ihre Köpfe hinweg getroffen.

Daran ändert auch die Auslegung von Plänen, die Veranstaltung von ›Bürgerforen‹, die sogenannte ›offene Planung‹ nichts:

Die Betroffenen kommen immer zu spät.

Sie regieren nicht, sie reagieren nur noch auf Neuerungen, an deren Zustandekommen sie keinen Anteil hatten. Denn wenn sie – falls überhaupt – informiert werden, ist das Wichtigste schon längst gelaufen. Geplante bauliche, technische oder wirtschaftliche Veränderungen, die ihnen schließlich zur ›partizipatorischen Diskussion‹ vorgelegt werden, sind meist schon das Endergebnis eines schrittweisen Verfahrens, das von der Bedürfnisermittlung über die Formulierung und Auswahl möglicher Lösungsvorschläge bis zur Projektbeschreibung gediehen ist.

Gerade in der entscheidenden Anfangsphase jedes Veränderungsvorgangs, in der Wünsche formuliert und Vorschläge zu ihrer Befriedigung entwickelt werden, hat fast ausnahmslos nur ein kleiner Kreis von Fachleuten und Auftraggebern das Sagen.

Was sie sich ausdenken und der Öffentlichkeit in einem von ihnen gewählten Augenblick bekanntgeben, ist meist von langer Hand in Hunderten und Aberhunderten von Arbeitsstunden vorbereitet worden und reicht über die Gegenwart hinaus weit in die Zukunft hinein.

Diese langfristige Planung, die die Lebensbedingungen für zehn, zwanzig und noch mehr Jahre im voraus festlegt, ist erst nach dem Zweiten Weltkrieg entwickelt worden. Sie blieb die Domäne einer einflußreichen, zahlenmäßig kleinen Elite, die auf diese Weise die Zukunft so zu gestalten versucht, wie sie ihren Wertvorstellungen und Interessen entspricht.

Eine wirkungsvolle Kontrolle dieser wenigen ›Schicksalsmacher‹ gibt es bisher nicht. Sie wird – wenn überhaupt – erst dann versucht, wenn die neuen Vorhaben bereits ein Eigenleben entfaltet haben und das, was gestern nur eine Möglichkeit war, nunmehr als zwingende Notwendigkeit hingestellt werden kann.

Betroffene, die sich dann gegen Neuentwicklungen wie Kernkraftwerke, Massensiedlungen, Fernstraßen, Flugplätze, Automatisierung, Kongreß- und Einkaufszentren, Lebensmittelfabriken, zunehmende Verdatung, allgegenwärtige Überwachung des Privatlebens und ständig wachsende Rüstung wehren, können nun mit dem Hinweis auf unumgängliche Sachzwänge als Angsthasen, Nestbeschmutzer und Feinde des Fortschritts verketzert werden. Es bleibt ihnen nur das verbissene bis verzweifelte »Nein« gegenüber einem ständigen Wandel, der angeblich zu ihrem Nutzen – doch bestimmt mit ihrem Geld – vorangetrieben wird.

Der wachsende Widerstand der Betroffenen gegen die zunehmende Vereinnahmung und Entmenschlichung ihrer Existenz kann zwar hier und da Bremswirkung ausüben, aber er reicht alleine nicht aus, eine Wende herbeizuführen. Dringend notwendig ist es, daß die Geführten und Verführten *eigene Zukunftsvorstellungen entwickeln,* die sie den Prognosen und Projekten der Mächtigen entgegenstellen können.

Aber in welchen Gesprächskreisen, Alternativgruppen, Vereinigungen, Interessenverbänden, Institutionen können die Bürger, die Bauern, die Arbeiter und Angestellten ihre eigenen Konzepte für künftige lebenswerte, menschenwürdige Zustände ebensoweit vorausentwerfen wie Staat und Industrie?

Hier ist als Folge jüngster Entwicklungen im ohnehin unvollkommenen demokratischen System eine weitere Lücke entstanden. Einmal mehr werden die Menschen in Herrscher und Beherrschte, Planer und Verplante, Wissende und Unwissende, Aktive und Passive aufgeteilt, ein Zustand, der unter den heutigen und zu erwartenden Umständen noch unerträglicher ist als früher, weil die Entscheider im Zeitalter der hochentwickelten wissenschaftlichen Technik nun tatsächlich über Leben und Tod gebieten.

Die Zukunft gehört allen. Doch wo sind die Gelegenheiten, bei denen alle, die es wollen, ihre Wünsche, Hoffnungen, Ideen, Vorschläge so deutlich und unüberhörbar kundtun können, daß sie sich nicht mehr überrumpelt und entfremdet fühlen müssen, sondern als einflußreiche Mitgestalter einer Welt, in der sie und ihre Kinder leben werden?

Auf den folgenden Seiten beschreiben wir einen neuen und notwendigen Weg zur Vertiefung der Demokratie und Wiederbelebung des Interesses am Gemeinsamen: die Zukunftswerkstätten.

In den letzten fünfundzwanzig Jahren sind bereits zahlreiche Zukunftswerkstätten zu verschiedenen Themen und mit unterschiedlichen Teilnehmerkreisen in vielen Ländern und Städten erprobt worden:

Im »Museum des 20. Jahrhunderts« (Wien) sprachen Jugendliche über ihre Vorstellungen von einer Erneuerung der Schulen und die Verbesserung des Umweltschutzes;

in Gatow bei Berlin schilderten angehende Kommunalangestellte ihre Vorstellung vom ›bürgerfreundlichen Beamten‹;

in Elsinore (Dänemark) wurde eine langweilige internationale Konferenz dadurch gerettet, daß die Teilnehmer neue lebendigere Kongreßformen erfanden und einige ihrer Ideen sofort anzuwenden versuchten;

in Washington D. C. (USA) entwickelten Angestellte der Ministerien fast zweihundert Anregungen zur Entbürokratisierung;

in Basel füllten Bewohner das Konzept ›Ökostadt Basel‹ durch eine Fülle von Vorschlägen mit Inhalt;

in Nordrhein-Westfalen äußerten Bürger aus verschiedenen Arbeits- und Lebenszusammenhängen Ideen, wie sie mit neuen Informations- und Kommunikationstechniken umgehen wollen;

im Pariser 15. Arrondissement, dem Zerstörung durch neue Großbauten drohte, wurden Gegenpläne der Betroffenen vorgelegt;

in Lodève (Südfrankreich) trug man Überlegungen zur Lösung der Energiekrise zusammen;

in Dietzenbach erdachten Gewerkschafter Möglichkeiten, wie Lagerarbeiten abwechslungsreicher gestaltet werden könnten;

in München beratschlagten Bürger, wie man der Vereinsamung in den Städten entgegenwirken könne;

in Duisburg wurde bei der Einweihung eines Jugendzentrums von den künftigen Benutzern ein Programm für seine Nutzung aufgestellt;

in Manchester (England) entwarfen Studenten der Technischen Hochschule einen Lehrgang für ›sozial verantwortliche Technik‹.

Wo immer solche Zukunftswerkstätten abgehalten wurden, war das Interesse lebhafter als bei üblichen Veranstaltungen. Die Teilnehmer merkten, daß sie nicht nur Zuhörer, sondern Mitmacher waren und selber Antworten auf ihre Misere geben konnten. Ihre schlummernde Kreativität wurde endlich gefordert, geweckt und zur Entfaltung gebracht. Man kritisierte Bestehendes und konzipierte Gewünschtes. Wie wir immer wieder erfahren haben, gingen die Beteiligten im Bewußtsein nach Hause, Beiträge zu einer besseren Zukunft geleistet zu haben, für die sie nun aktiv eintreten konnten.

Die Thematik einer Zukunftswerkstatt wird vorzugsweise durch persönliche, lokale oder regionale Probleme bestimmt

Beschäftigung mit Zukünften ist notwendig
Beschäftigung mit Zukünften regt an
Hauptaufgaben einer massenhaften Entwicklung sozialer Phantasie:

- die Erfindung neuer gesellschaftlicher Institutionen
- die Erfindung gewaltloser Methoden sozialer, politischer, wirtschaftlicher Veränderungen
- die Erfindung andersartiger Beschäftigung und Leistung
- die Erfindung neuer Wert- und Zielsetzungen
- die Schaffung einer kreativen Gesellschaft

Möglichkeiten einer vielfachen Anwendung von sozialer Phantasie:

- Problemlösungen für Organisationen wie
  Betriebe
  Schulen und Jugendzentren
  Berufsvertretungen
  Bürgerinitiativen
- Entwerfen von individuellen Lebensplänen
  Familienperspektiven
- Belebung von Seminaren
  Versammlungen

werden (z. B. Verbauung von Grünflächen, Schließung von Betrieben oder Entlassung von Beschäftigten, risikoreiche Industrieanlagen, Unzufriedenheit über Berufsbedingungen u.a.m.). Darüber hinaus werden auch oft allgemein wichtige Fragestellungen aufgegriffen – wie z. B. Jugendliche am Computer; Sinn und Zweck von Bildungsurlaub; Umweltschutzaufgaben ernstgenommen. Interessanterweise finden die ›Werkstättler‹ dabei bald heraus, daß ihre Schwierigkeiten durch umfassendere nationale und internationale Bedingungen mitverursacht werden. Oft werden sie gerade dadurch motiviert, sich nun auch an solche größeren Fragenkomplexe heranzuwagen und sich mit ihnen nicht nur kritisch, sondern auch konstruktiv auseinanderzusetzen.

Kurzbeschreibung: Was geschieht in einer Zukunftswerkstatt

»Ich denke, daß wir hier irgendwie an der Zukunft bauen, praktisch die Zukunft gestalten, eben wie in einer Werkstatt. Doch wenn ich ehrlich bin, ich kann mir nicht vorstellen, wie das gehen soll!« So drückte ein Gärtner seine Erwartungen aus. In der Tat wird in der Zukunftswerkstatt an der Zukunft ›gewerkt‹, jedoch im übertragenen Sinne, mehr verbal, mit Vorstellungen und Ideen, als mit den Händen. Auch ist die Werkstatt an keinen bestimmten Ort gebunden, sondern sie kann überall dort stattfinden, wo Menschen Probleme haben, für die sie Lösungen suchen, wo sie zusammenkommen und miteinander ratschlagen können. Wesentlich ist, daß sie sich in einer Gruppe mit ihrem Anliegen befassen, indem sie ihre Wünsche und Phantasie frei und zukunftsorientiert entfalten.

Ziel der Arbeit in Zukunftswerkstätten ist, jeden interessierten Bürger in die Entscheidungsfindung miteinzubeziehen, die sonst nur Politikern, Experten und Planern vorbehalten ist. Wir wollen dem einzelnen Mut machen und ihm zeigen, daß er durchaus über große Ziele mitreden kann. Denn auch seine Erfahrungen und die daraus erwachsenden Wünsche sind für die Gestaltung der Zukunft wichtig.

Wo und wie kann er sie einbringen? Wer fragt ihn danach, wann und mit wem kann er darüber sprechen?

Ein Forum, in dem sich Bürger gemeinsam bemühen, wünschbare, mögliche, aber auch vorläufig unmögliche Zukünfte zu entwerfen und deren Durchsetzungsmöglichkeiten zu überprüfen, kann die Zukunftswerkstatt sein. In ihr erhalten die Sonst-Nicht-Gefragten die Möglichkeit, sie betreffende Probleme zu behandeln und Lösungen zu entwickeln. Das wesentliche ist dabei, daß die in den Teilnehmerinnen und Teilnehmern schlummernde Phantasie als Antwort für sie

bedrängende Fragen gefördert wird und sich offen entfalten kann.

Bei einer typischen Zukunftswerkstatt unterscheiden wir zwischen einer Vorbereitungsphase und drei Werkstattphasen:

In die **Vorbereitungsphase** fallen Festlegung und Ankündigung des Themas sowie die praktischen Vorbereitungen, z. B. Wahl eines Ortes; Beschaffung der Arbeitsmaterialien, vor allem großer Papierbogen zum An-die-Wand-Hängen und Filzstifte, denn es ist ein charakteristisches Merkmal der Werkstattarbeit, daß während der drei Phasen immer die Beiträge stichwortartig, für alle Teilnehmer lesbar, festgehalten werden.

Die Werkstatt selbst beginnt mit der **Beschwerde- und Kritikphase,** in der wir Unmut, Kritik, negative Erfahrungen zum Werkstatt-Thema äußern, auf den Papierbogen mitschreiben und schließlich zu Themenkreisen ordnen.

Es folgt die **Phantasie- und Utopiephase,** in der auf die vorgebrachte Kritik mit eigenen Wünschen, Träumen, Vorstellungen, alternativen Ideen geantwortet wird und von denen dann die interessantesten Einfälle ausgewählt und in kleinen Arbeitsgruppen zu Lösungsvorschlägen (utopischen Entwürfen) ausgearbeitet werden.

Mit der abschließenden **Verwirklichungs- und Praxisphase** kehren wir in die Gegenwart mit ihren Machtverhältnissen, ihren Gesetzen und Verordnungen zurück; in ihr prüfen wir die Durchsetzungschancen für unsere Entwürfe kritisch, indem wir die Hindernisse (z. B. durch Lektüre oder Expertenurteile) herausfinden und ihre Überwindung wiederum mit viel Phantasie angehen, eine Aktion oder ein Projekt planen.

Von der Gleichgültigkeit zur Anteilnahme

Der meistgehörte Einwand der Planexperten gegen Zukunftswerkstätten und andere Versuche, die Betroffenen maßgeblich am Entwurf des Kommenden zu beteiligen, lautet:

Die ›einfachen Leute‹ besäßen viel zu wenig Kenntnisse, um ›richtige‹ Zukunftsentwürfe zu gestalten. Ihr Bildungsstand sei ungenügend, ihre Informationen reichten nicht aus, ihr Gesichtskreis sei zu beschränkt.

Gegeneinwand: Es müßte doch möglich sein, diese Kenntnisse zu vermitteln.

Behauptung der Fachleute: Unmöglich. Das verlangt jahrelange Ausbildung. Dazu kommt als unabdingbare Voraussetzung die Begabung, sowohl abstrakt und analytisch wie in großen Zusammenhängen zu denken.

Frage: Ist dieser Hang der Fachleute zur Theorie unter Vernachlässigung der konkreten Details nicht vielleicht schuld daran, daß ihre Zukunftsvorstellungen so unlebendig, so lebensfremd und menschenfeindlich sind?

Verteidigung der Berufsplaner: Kann man denn wirklich alle Einzelwünsche berücksichtigen? Das würde zu Anarchie und Chaos führen.

Argument der Zukunftswerkstättler: Die Pläne und Vorhaben der Behörden und des Managements scheitern doch meist daran, daß die Betroffenen sie als unmenschlich und gefährlich ablehnen. Wenn es nicht gelingt, die Bevölkerung maßgeblich und rechtzeitig an der Zukunftsgestaltung zu beteiligen, kann sie sich nicht mit ihr identifizieren. Der übliche technokratische Weg heißt: Planung wird mit Druck und sogar mit Gewalt durchgesetzt.

Seit Jahren wird über die Gleichgültigkeit und Interesselosigkeit der Staatsbürger geklagt. Diese Haltung verschwindet, wenn die Menschen erfahren, daß sie wirklich mitentwerfen und mitentscheiden können. Als sofortige psychologische Wirkung kann man beim Vorgehen nach der Methode der Zukunftswerkstatt feststellen:

- Die Teilnehmer, gewöhnt daran, daß ihre Ansichten als ›unqualifiziert‹ beiseite geschoben werden, gewinnen Selbstvertrauen;
- sie geben nach und nach ihre passive und resignierte Haltung auf und beginnen, sich als aktive Teilnehmer am kommunalen, regionalen, nationalen und internationalen Geschehen zu begreifen;
- ihre eigenen für eine humane Zukunftsgestaltung unersetzlichen Lebenserfahrungen werden endlich gehört und ernstgenommen;
- die durch autoritäre Erziehung und fehlende Herausforderung verschütteten Phantasiequellen beginnen wieder zu fließen;
- weil sie in dieser neuen demokratischen Einrichtung nicht nur zuhören, sondern auch sprechen können, weil sie nicht nur aufnehmen und hinnehmen, sondern auch geben, sind sie viel eher bereit, von außen kommende einschlägige Informationen und Ratschläge für sich zu nutzen, d. h. zu lernen und entsprechend zu handeln;
- das gemeinsame Entwickeln konkreter Zukunftsvorstellungen schafft zwischen den Teilnehmern eine starke Erlebnisgemeinschaft.

Solche Versuche, die Beschäftigung mit dem Kommenden zu demokratisieren, können als eine bedeutsame Wende in der erst kurzen Geschichte der Zukunftsforschung angesehen werden, deren bis heute weiterwirkende Anfänge letztlich auf das moderne militärische und industrielle Management zurückgehen.

Denn es waren die ›Denkfabriken‹ der amerikanischen Streitkräfte, die gegen Ende des Zweiten Weltkrieges als erste begannen, systematisch künftige strategische Möglichkeiten zu studieren und sie auf Grund dieser Forderungen zu beeinflussen. Vorstellungen von immer mächtigeren, technologischen Strukturen prägten die von ihnen entworfenen Zukunftsbilder, die den Konkurrenzkampf politischer Systeme und wirtschaftlicher Konzerne als Hauptantrieb aller weiteren Entwicklungen annahmen. Ihr Hauptvertreter war Hermann Kahn, der seine ersten Studien als Mitarbeiter in der von der US Air Force gegründeten *Rand Corporation* veröffentlichte.

Die amerikanischen Zukunftsplaner erstrebten die ständige Steigerung menschlichen Wissens und Könnens. Immer noch größer, noch schneller, noch umfassender sollten die Vorhaben auf allen militärischen und zivilen Gebieten sein. Die Eroberung des Weltraums und der Meerestiefen, die Beherrschung und Erweiterung der Denkfähigkeiten, die Erzeugung und Kontrolle des Lebens – das waren die Grenzen, die sie überschreiten wollten.

In der Öffentlichkeit wurde damals – und zum Teil auch heute noch – die Futurologie als die Verheißung einer Welt voller technischer Großleistungen angesehen, in der die auf Forschung und industrielle Entwicklung gegründete Allmacht der Menschen trotz steigender Risiken und katastrophaler Rückschläge ständig zunehmen müsse.

Es ist viel zu wenig bekannt, daß neben dieser Auffassung – und mit den Jahren auch zunehmend gegen sie gerichtet – eine sozialkritisch, humanistisch und ökologisch orientierte Zukunftsforschung entstand. Sie nahm ihren Anfang Mitte der fünfziger Jahre in Frankreich in den Kreisen um Gaston Berger und Bertrand de Jouvenel, zunächst ohne großen Widerhall zu finden, gewann aber dann unter dem Eindruck der Studentenbewegung der sechziger und der Ölkrise der siebziger Jahre zunehmend an Gewicht und Bedeutung. Aus ihrer Sicht ist die Zukunft nicht länger durch Wachstum und Reichtum, sondern durch zunehmende Verknappung und Armut gekennzeichnet. Nicht Herrschaft, sondern Verantwortung ist die wichtigste Aufgabe, nicht Entwicklung der Maschinen, sondern Bewahrung und Förderung der Menschen, die wie die natürliche Umwelt vom blinden Fortschritt bedroht sind.

Die realistischere Sicht auf einen sich verdunkelnden Erwartungshorizont der Menschheit muß zwangsläufig Resignation und Verzweiflung hervorrufen. Jugendliche im Alter zwischen vierzehn und einundzwanzig Jahren, die bei öffentlichen Wettbewerben in der Schweiz, in Frankreich und in Deutschland gefragt wurden, was sie im Jahre 2000 erwarteten, beschrieben fast ausschließlich Schreckensbilder, in denen die Darstellungen von Kriegen, Revolutionen und Katastrophen überwogen. Und die wenigen ›positiven‹ Visionen von zukünftigen Städten, Verkehrssystemen und Weltraumabenteuern erwecken in ihrem kalten Gigantismus eher Angst als Hoffnung.

Als wir mit tiefpessimistischen Teilnehmern eines solchen Wettbewerbs, den der Jugendfunk eines deutschen Senders veranstaltete, eine Zukunftswerkstatt durchführten, entwikkelten sie jedoch ganz andere, durchaus hoffnungsvolle und zukunftsfrohe Vorstellungen. Gefragt, wie dieser Widerspruch zu erklären sei, meinte einer der Angesprochenen unter allgemeiner Zustimmung: »Ist doch ganz klar: Im Wettbewerb wurden wir gefragt, welche Zukunft wir *erwarten.* Heute wurden wir gefragt, welche Zukunft wir uns *wünschen.*«

DIE UNGENUTZTE ENERGIEQUELLE

Dieser Ausspruch weist auf eine immense Energiequelle hin, die heute noch kaum genutzt wird: die Wunschkräfte von Millionen und Abermillionen, Wunschkräfte, die entweder brachliegen oder durch Manipulationen ›von oben‹ fehlgeleitet werden. Wie kommt man an diese Reserven heran? Robert Jungk erinnert sich:

Meine ersten Versuche Mitte der sechziger Jahre, junge Arbeiter und Angestellte in Wien zu Äußerungen über ihre Wünsche für die Welt von morgen zu veranlassen, scheiterten ziemlich kläglich. Entweder schwiegen sie, oder sie plapperten einfach nach, was ihnen Propaganda und Konsumwerbung eingetrichtert hatten.

Ich ging tief enttäuscht nach Hause. Das war aber eine grundfalsche Reaktion. Ich hatte zuviel erwartet und noch nicht begriffen, daß es eine Zeitlang dauert, ehe unter all den Ablagerungen von Mißtrauen und mangelndem Selbstbewußtsein, die sich als Folge jahrelangen Gehorsams angehäuft haben, die verschütteten persönlichen Vorstellungen und Hoffnungen zutage treten können.

Es gehört sehr viel Geduld und Einfühlungsgabe dazu, wenn man die Eingeschüchterten, die Verstummten, die zur ›Konsumhaltung‹ Erzogenen zum Reden bringen will. Beim nächsten Mal lief es anfangs auch nicht besser. Als ich schließlich ungeduldig wurde und mich über diese ›verstockte Maulfaulheit‹ beschwerte, verteidigte sich einer:

»Weshalb sagen Sie uns denn nicht, was man sich für die Zukunft am besten wünschen soll? Das ist doch Ihr Beruf als Zukunftsforscher und nicht unserer.«

Natürlich: Sie waren gekommen, weil sie von einem ›Gelernten‹ Belehrung erwarteten, so wie sie es seit ihren Schultagen, seit ihrer Lehrlingsausbildung, seit ihren ersten Tagen im Berufsleben gewohnt waren. Das eigene Denken, das eigene Phantasieren, die eigenen Wünsche hatte man ihnen gründlich ausgetrieben.

Beinahe hätte ich damals entmutigt aufgehört. Es stimmte wohl doch, was die Hochmütigen behaupteten: Das ›Volk‹ weiß nicht, was es will. Dem muß man es sagen. Dem muß man befehlen. Das muß man führen.

Doch da kam am Tage nach diesem Scheitern ein Anruf in unser eben erst gegründetes »Institut für Zukunftsfragen«. Einer der Teilnehmer erkundigte sich, ob er wohl einmal mit mir allein sprechen könne. Gestern habe er nichts sagen wollen, weil man ihn wohl ausgelacht hätte. Er habe nämlich eine Idee, wie man Sonnenenergie ganz einfach ›anzapfen‹ könne. Das muß 1965 gewesen sein. Zu einer Zeit also, da man die praktische Nutzung der Solarenergie meist noch für pure Spinnerei hielt. Er hatte das mehr als einmal zu hören bekommen. Vom Patentamt, von Banken, von Behörden. Bis er schon selber kaum mehr an seine Sache glaubte.

Damals begann ich einzusehen, wie sehr die Passivität der Bürger aus der Phantasiefeindlichkeit der gesellschaftlichen Umwelt zu erklären ist. Beim nächsten Treffen mit den wenigen, die nach der Enttäuschung vom vorigen Mal wiedergekommen waren, fing ich damit an, sie über ihre Lebenserfahrungen mit den ›Verhinderern‹ auszufragen:

Habt ihr als Kind spielen können, was ihr wolltet?
Habt ihr den Eltern eure Träume erzählt?
Hat euch ein Erwachsener reingeredet?
Was hat man euch gezeigt?
Was hat man euch verboten?
Wer hat sich eigene Märchen ausgedacht?
Wie waren eure Lehrer?

Diesmal schwieg niemand. Jeder hatte etwas über seine ›Erzieher‹ zu erzählen: wie der Zeichenprofessor dem einen sein schönes wellenförmiges Hausdach mit sturen geraden Linien umgezeichnet hatte, oder wie die Mutter dem anderen verboten hatte, diese blöde Spaßsprache, die er sich ausgedacht hatte, zu benutzen. Wir erlebten im Gespräch noch einmal die Zertrümmerung von Kinderwelten, die Verschüttung der Phantasie, und indem wir das taten, gruben wir sie langsam wieder aus, fanden wir sie zwar verstümmelt, aber immer noch am Leben unter all den Resten mißachteter, mißhandelter Träume.

Diese Anfänge waren noch stark biographisch geprägt. In den eigentlichen Zukunftswerkstätten ging es dann um Gruppenutopien, um das Zusammenbringen unterschiedlicher persönlicher Erfahrungen und Vorstellungen zu hoffnungsvollen Perspektiven. Wichtig wurde, daß sich eine soziale Phantasie entwickelt, daß in Gruppen, zusammen mit anderen phantasiert wird.

HUMANE ZUKUNFTSBILDER SIND NOTWENDIG

Die moderne Psychiatrie hat herausgefunden, welche seelischen Verkrüppelungen die bis zur völligen Unterdrückung gehende Verdrängung der Wünsche beim einzelnen bewirkt. Welche Folgen diese millionenfache Beschneidung individueller Phantasiefähigkeit für die ganze Gesellschaft haben muß, ist noch viel zu wenig untersucht worden. Es gab und gibt nicht nur Informations- und Machtprivilegien, sondern – bisher viel zu wenig beachtet – auch Phantasie- und Planvorrechte. Sie wurden und werden der großen Masse der Bevölkerung nicht ernsthaft zugestanden. Die Freilegung dieses enormen Potentials scheuen durchaus nicht nur die etablierten Machthaber, sondern auch die Sprecher und Führer der ›Gegenmächte‹. Bewußt oder unbewußt nehmen sie denen, für die sie sich einsetzen, nur zu oft die Möglichkeit, ihre eigenen Vorstellungen zu erkennen, zu entwickeln und vorzubringen. Einer der Gründe für die oft beklagte Unmenschlichkeit des Fortschritts liegt vermutlich darin begründet, daß eine kleine Gruppe besonders ehrgeiziger, wortfähiger und energischer Persönlichkeiten Ziele setzt im Namen der vielen, deren Bedürfnisse, deren Erwartungen oft ganz andere sind.

In den Zukunftswerkstätten soll das folgenschwere Versäumnis der massenhaften Phantasieverhinderung wiedergutgemacht werden. Welche Wirkungen würde wohl das Entstehen zahlreicher Zukunftswerkstätten auf die gesamtgesellschaftliche Entwicklung haben? Wäre es denkbar, daß der vielfache Entwurf eigener Wunschbilder durch die Bevölkerung dem heutigen Trend zur Resignation entgegenwirken könnte? Würde die Fülle kreativer und konstruktiver Vorstellungen von einer humanen Existenz stark genug sein, um einen Stimmungsumschwung sowohl in den Industriestaaten wie in der Dritten Welt herbeizuführen?

Der holländische Philosph und Sozialwissenschaftler Fred

L. Polak hat an historischen Beispielen aufgezeigt, welchen Einfluß die jeweils verbreiteten Vorstellungen von der kommenden Wirklichkeit auf die Gegenwart und die weitere geschichtliche Entwicklung ausüben. Sind diese Visionen von Angst und Zweifel geprägt, dann schaffen sie in der Tat als ›sich selbst erfüllende Prophezeiungen‹ gerade jenes Unheil, das sie an die Wand gemalt haben. Gelingt es einer Generation aber, positive Zukunftsbilder zu entwickeln, mit deren Inhalt sich viele identifizieren können, dann steigt die Chance ihrer Verwirklichung.

Es gibt, wie die Praxis der Zukunftswerkstätten zeigt, trotz aller berechtigten Ängste vor neuen Kriegen und Katastrophen immer noch ein ungenutztes Wunsch-, Hoffnungs- und Vorstellungspotential, das auf seine Entfaltung wartet. Es weist deutlich in eine andere Richtung als die Erwartung der vorhergehenden Generationen.

In den letzten beiden Jahrzehnten haben westliche Soziologen in zahlreichen Untersuchungen übereinstimmend festgestellt, daß in der breiten Öffentlichkeit ein starkes Bedürfnis nach ›nichtmateriellen Werten‹ besteht. So sind für Bundesrepublikaner in den achtziger Jahren wichtige ›Zielpräferenzen‹: ›Schutz der Umwelt‹ und ›Erhaltung des Friedens‹, gefolgt von ›Aufgeschlossenheit gegenüber neuen Ideen‹, ›sich mehr als bisher um Verständigung und Versöhnung mit anderen Völkern bemühen‹ und der Wunsch nach ›Mut zu neuen Wegen‹. In Rokeachs berühmtem ›Value Survey‹ wird an erster Stelle ›familiäre Geborgenheit‹ erwähnt, an zweiter ›eine friedliche Welt‹, an dritter ›Freiheit‹, an vierter ›Selbstachtung‹, während ›ein Leben im Wohlstand‹ erst auf Platz acht rangiert und ›soziale Anerkennung‹ sogar erst auf Platz achtzehn.

Leider haben sich die Sozialwissenschaftler damit begnügt, diese recht allgemeinen Wünsche zu registrieren, zu gewichten und dann zu analysieren, ohne den Versuch, von den Befragten anschaulichere und genauere Vorstellungen zu verlangen. Doch gerade eine solche Konkretisierung der Bevölkerungswünsche ist eine notwendige Voraussetzung für den Einfluß von Wertwandlungen auf die Zukunftsgestaltung.

Gesucht: soziale Erfindungen

Der bekannte Nationalökonom Fritz Machlup hat einmal festgestellt, die größte Erfindung sei »die Erfindung, wie man erfindet«. Und er hat damit etwas Typisches über diese Epoche ausgesagt. Produktive Einfälle werden heute nicht mehr dem Zufall überlassen, sondern zielbewußt herbeigeführt. Ein eigener Wissenschaftszweig, die Kreativitätsforschung, beschäftigt sich mit der Phantasie, ihren Voraussetzungen, Entstehungs- und Erscheinungsformen, um daraus eine Technik der Ideenfindung abzuleiten.

Die neuen, seit den sechziger Jahren dieses Jahrhunderts immer häufiger und in vielen Spielarten entwickelten Methoden zur Aktivierung der spezifisch menschlichen Fähigkeit, Probleme zu lösen oder sich Neues auszudenken, wurden bisher hauptsächlich von Managern der Wirtschaft erprobt und fast ausschließlich in den Dienst der Entwicklung neuer Produkte gestellt. Dagegen ist die Zahl der Neuerungen im Bereich des menschlichen Zusammenlebens und der gesellschaftlichen Institutionen denkbar gering. Es fehlen ›soziale Erfindungen‹. Es gibt zu wenige ›soziale Neuerungen‹.

Dabei ist der Bedarf an neuen Ideen auf sozialem und politischem Gebiet wegen der Auswirkungen der wissenschaftlich-technischen Revolution gerade jetzt besonders groß. Unsere Städte, unsere Verteilungssysteme, unsere politischen Einrichtungen, ja unser tägliches Leben sind den Problemen, die durch neue Produktionsweisen, neue Verkehrsmittel, neue Umweltbelastungen entstehen, nicht mehr gewachsen.

Gesetze und Kontrollen, die den biologischen, ökologischen, psychologischen und gesellschaftlichen Auswirkungen technischer Neuerungen begegnen sollen, genügen alleine noch nicht, um mit diesen Herausforderungen fertig zu werden. Es müssen grundsätzlich andere Konzepte gefunden werden, um beispielsweise folgende Krisen zu bewältigen:

- schnelles Veralten beruflichen Könnens durch permanente technische Innovationen;

- Arbeitslosigkeit als Folge von Rationalisierung;
- erhöhte Gefährdung von Leib und Leben durch riskantere Industrieprodukte und -anlagen;
- Wachsen städtischer Ballungsräume als Konsequenz wirtschaftlicher Konzentration;
- Zusammenbruch des Verkehrs;
- Informationsüberlastung und Computerabhängigkeit;
- Unübersichtlichkeit und Undurchsichtigkeit gesetzlicher Regelungen;
- Häßlichkeit und Unwirtlichkeit der Siedlungen;
- Frühpensionierung und ihre Folgen;
- Verlust des Lebenssinns;
- Zerbrechen der Familienzusammenhänge;
- zunehmende Drogensucht;
- Vereinsamung und Entfremdung;
- Altwerden in der Leistungsgesellschaft;
- Wettrüsten und allgemeine Zukunftsangst.

Wäre die systematische Hervorbringung und ständige Erprobung von Ideen, die das menschliche Leben und Zusammenleben humanisieren, nicht vordringlicher als die Überproduktion auf dem Gebiet technischer Erfindungen und Neuerungen?

Der englische Wirtschaftsforscher J. M. Keynes war der Ansicht, der Grund für dieses Versäumnis sei in der Tradition zu suchen, daß Ansichten und Werthaltungen der meisten Menschen sich sehr viel langsamer wandelten als ihr Instrumentarium, mit dem sie daher niemals innerlich Schritt halten könnten. Der Physiker Max Planck meinte, daß tiefergreifende menschliche Wandlungen nur durch den Wechsel der Generationen zustande kämen; neue Auffassungen setzten sich gewöhnlich erst dann durch, wenn ihre Gegner gestorben seien.

Während aus diesen beiden Voten die Auffassung spricht, daß die Menschen und ihre Institutionen, wenn auch verspätet, mit der neuen Technik ohne besondere Anstrengung fertig werden, hat der nachdenkliche Nobelpreisträger Denis Gabor die Frage aufgeworfen, ob man nicht die ›schlechte

Ehe‹ zwischen menschlichen Eigenschaften und vielen Innovationen durch einen bewußt durchgeführten Prozeß der Analyse, Problemlösung und Vermittlung retten könne. Also: nicht warten, sondern etwas unternehmen.

Der Kanadier D. Stuart Conger verlangte bereits 1970 für sein Land die Gründung von *Social Invention Centers,* in denen nach Wegen geforscht werden solle, wie man durch gezielt herbeigeführte soziale Erfindungen oder Neuerungen z. B. Armut, Verbrechen, Familienzerfall, Drogenprobleme und Gewalt verringern, wenn nicht gar beseitigen könnte. Er nannte bei dieser Gelegenheit auch einige Gründe, weshalb solche intensiven Bemühungen zur Entwicklung gesellschaftlich orientierter Kreativität bisher nicht unternommen worden sind:

1. Wir neigen dazu, gesellschaftliche Probleme als Resultate menschlichen Versagens anzusehen. Wir begegnen ihnen viel zu oberflächlich mit Erziehung, Strafe oder Duldsamkeit, statt in ihnen Leiden zu erkennen, die nach einer tieferschürfenden Behandlung verlangen.
2. Wir haben die Bedeutung einer sozialen Weiterentwicklung unserer Gesellschaft nicht erkannt und damit die Rolle unterschätzt, die soziale Erfindungen bei der Verbesserung der Gesellschaft spielen könnten.
3. Die Art, wie die Dinge heute behandelt werden, ist durch Interessengruppen bestimmt, die sich vor den Folgen jeder gesellschaftlichen Verbesserung fürchten.
4. Die Sozialwissenschaftler scheuen davor zurück, soziale Erfindungen zu machen. Sie ziehen es im allgemeinen vor zu analysieren, statt Konzepte zu erfinden, die gesellschaftliche Änderungen herbeiführen könnten.

Wer kann heute überhaupt soziale Erfindungen machen und soziale Neuerungen vorschlagen? Es werden vor allem diejenigen sein, die wenig oder nichts zu verlieren haben: die riesige Mehrheit der Abhängigen und Bevormundeten. Der übliche Vorwurf, sie hätten es leichter, Neulösungen und Veränderungen vorzuschlagen, weil sie nicht unter der Last der

Sachzwänge stünden, erweist sich in der Tat als ihr Vorteil. Eben weil sie unbefangener sein können als die Teilhaber an der Macht, sind sie noch imstande, Möglichkeiten zu sehen, die den kalkulierenden Machern verborgen bleiben, ihnen unrealistisch und unerreichbar erscheinen. Hier liegt ein beträchtliches Potential brach, das es endlich zu befreien und nutzbar zu machen gilt.

Wie entstanden bisher soziale Neuerungen?

Conger beschreibt eine ›soziale Erfindung‹ als ein neues **Gesetz,** eine neue **Organisation** oder eine neuartige **Vorgehensweise,** durch die das Verhalten der Menschen zu sich selbst und untereinander verändert wird. Einige solcher Neuerungen der Vergangenheit sind bis in die Gegenwart erhalten geblieben.

Zu den wichtigen historischen **Gesetzen** gehören u. a.:

Kodifiziertes Gesetz (Mesopotamien, 1700 v. Chr.), Preiskontrollen (Hethiterreich, 1300 v. Chr.), Armengesetz (England, 1388), Children's Act – Kinderschutzgesetz (England, 1601), Bill of Rights – Bürgerrechte (England, 1689), Allgemeine Schulpflicht (Preußen, 1717), Arbeitslosenversicherung (Basel, 1789), Recht auf geheime Abstimmung (England, 1872).

Als **Organisationen bzw. Institutionen,** die das Ergebnis wichtiger sozialer Erfindungen waren, führt Conger unter anderem an:

Schulen (Sumer, 2500 v. Chr.), Gerichtshöfe (Sumer, 2400 v. Chr.), Banken (Babylon, 1700 v. Chr.), Volksvertretung (Island, 930), Geschworenengericht (England, 1176), Parlament (England, 1295), Gewerkschaft (England, 1696), Rechtsordnung für Gefängnisse (England, 1777), Blindenschulen (Paris, 1784), Kibbuz (Israel, 1905), Räteregierung (Rußland, 1917–1920), Völkerbund (Genf, 1920), Gemeinsamer Markt (Brüssel, 1955–1965), Atomteststopp-Vertrag (Pugwash-Konferenzen 1962–1966), Öko-Bank (BRD, 1988).

Als bedeutende **Verfahrensweisen** sind u. a. erwähnenswert:

Schriftliche Fixierung auf Papyrusrollen (Ägypten, 2800 v. Chr.), Organisierte Wohltätigkeit (Ägypten, 2100 v. Chr.),

Demokratie (Athen, 510 v. Chr.), Gemeindeverwaltung (Rom, 100 v. Chr.), Wahrheitseid vor Gericht (England, 1327), Nachrichtenverbreitung durch Zeitungen (Augsburg, 1609), Friedensbewegung (USA, 1815), Frauenstimmrecht (Wyoming, 1868), Rechtshilfe für Unbemittelte (New York, 1877), Krankenversicherung (Deutschland, 1877), Naturschutz (Basel, 1910), Sitzstreik (Frankreich, 1936), Systemanalyse (Wien; Chicago, 1936), Meinungsumfragen (Wien; Princeton, 1936–1938), Informationstheorie (Cambridge, USA, 1944), Computersimulation sozialer Systeme (Philadelphia, 1947), Barfußärzte (China, 1948), Moderne Bürgerinitiativen (Holland; Bundesrepublik Deutschland, 60er Jahre), ›Rotes Telephon‹ bei Kriegsgefahr (Washington, 1965), Wohngemeinschaften (Schweden, 1930; Bundesrepublik Deutschland, 1968), Hausbesetzungen (Holland, 1976), Netzwerk Selbsthilfe (Berlin, 1978), Sanftes Reisen (Österreich, 1980), Halbjahresurlaub (USA, 1987).

Im Gegensatz zu naturwissenschaftlichen Entdeckungen und technischen Erfindungen, deren Urheber auf Grund ihrer Zeitschriftenveröffentlichungen und Patentschriften fast immer festzustellen sind, fällt es meist schwer, eine neue soziale Idee deutlich mit einer bestimmten Person und einem bestimmten Ort zu verbinden. Solche Gedanken sind oft das Ergebnis von vielen über Jahre sich erstreckenden Gesprächen, Beratungen und ersten Versuchen, die fast nie unter exakten experimentellen Bedingungen vor sich gehen. Und ihre schriftliche Fixierung erfolgte vielfach durch Ausführende, die nicht die eigentlichen Schöpfer des neuen Gedankens waren.

Die ›Jahr-2000-Gruppen‹

In den sechziger Jahren begann die noch junge Zukunftsforschung, die sich bis dahin fast ausschließlich der Prognose von Entdeckungen und Erfindungen in Wissenschaft und Technik gewidmet hatte, auch notwendigen gesellschaftlichen Neuerungen mehr Aufmerksamkeit zu schenken. Gegen die ›Kolonisierung der Zukunft‹ durch einseitig technokratische Prognosen und Planungen wandten sich neben vielen anderen:

Bertrand De Jouvenel (Frankreich) – Prospektives Denken
Yona Friedman (Frankreich) – Partizipation
Denis Gabor (England) – soziale Innovation
Johan Galtung (Norwegen) – Friedensforschung
Ossip K. Flechtheim (Bundesrepublik Deutschland) – politische Futurologie
Fred Polak (Holland) – Zukunftsbilder
Bart van Steenbergen (Holland) – kritische Zukunftsforschung
Lars Ingelstam (Schweden) – gesellschaftliche Technikbestimmung
Donald Michael (USA) – Langfristplanung
James Dator (USA) – Zukunft der Zivilisationen
Alvin Toffler (USA) – antizipatorische Demokratie
Yujro Hayashi (Japan) – zukünftige Kommunikation und Vernetzung
Eleonora Masini (Italien) – Ethik und Zukunft
Pavel Apostol (Rumänien) – marxistische Zukunftsperspektiven
Robert Jungk (Österreich) – soziale Phantasie
Igor Bestushev-Lada (UdSSR) – sozialistische Gesellschaft und Zukunft
Rolf Schwendter (Bundesrepublik) – soziale Innovationen
Nicholas Albery (England) und Gennady P. Alfarenko (UdSSR) – soziale Erfindungen und Experimente

Sie alle plädierten für die ›Erfindung alternativer Zukünfte‹, wobei sie zunächst fast ausnahmslos davon ausgingen, daß die ›Erfinder‹ aus dem Kreis der intellektuellen Elite stammen müßten.

Auf den internationalen Konferenzen für Zukunftsforschung tauchten immer häufiger sozial orientierte Zukunftskonzepte zu Themen wie Städtebau, Erziehung, Arbeitswelt, Humanisierung der Technik usw. auf.

Aber das geringe Interesse von Staat und Wirtschaft verhinderte ihre Vertiefung, Konkretisierung und experimentelle Erprobung. Die sonst hauptsächlich mit technischer Vorausschau beschäftigte *Future Group* in Glastonbury (Connecticut, USA), die von früheren Mitarbeitern der *Rand Corporation* als privates Beratungsinstitut gegründet wurde, stellte 1974 eine Reihe von interessanten Vorschlägen für soziale Innovationen vor:

- lebenslange Verträge, die den Beschäftigten größere wirtschaftliche Sicherheit bieten sowie eine bessere Verteilung von Arbeits- und Freizeit erlauben;
- garantiertes Jahresmindesteinkommen für jedermann (unabhängig von der Art der Beschäftigung);
- Gemeinden ändern ihre Sozialstrukturen nach den Bedürfnissen ihrer Mitglieder;
- Besserstellung von älteren Bürgern;
- Ferien als ›Teil der Arbeitszeit‹, d. h. bezahlt und als Fortbildungsurlaub.

Das sind wahrhaftig keine besonders originellen oder radikalen Ideen. Leider wurden auch nur das weiter- und tiefergehende Durchdenken solcher Erwägungen und ihre Erprobung von den politisch und wirtschaftlich Verantwortlichen weder verlangt noch versucht.

Nicht viel besser ist es den sogenannten ›Jahr-2000-Gruppen‹ ergangen, die während der siebziger Jahre in verschiedenen amerikanischen Bundesstaaten mit dem Ziel entstanden, die Wünsche der Bürger für das Jahr 2000 und darüber hinaus kennenzulernen.

Besonders erfolgreich war – zunächst in den siebziger und dann mit neuem Schwung in den achtziger Jahren – das 1974 von Evans, dem Gouverneur des Staates Washington, ins Leben gerufene Programm ›Alternatives for Washington‹ als Gegenbewegung zum zunehmend konservativen Kurs des Weißen Hauses. Durch die Massenmedien wurden sowohl die aufgeworfenen Fragen wie die angebotenen Lösungsversuche Millionen Menschen bekannt. Die Wünsche der aktiven Bürger – die u. a. bescheideneres wirtschaftliches Wachstum, Abschaffung der Ballungsgebiete sowie konkrete Maßnahmen zur Erhaltung oder Wiederherstellung der Lebensqualität verlangt hatten – wurden jedoch von der gesetzgebenden Versammlung kaum beachtet. Die Volksvertreter fühlten sich übergangen und sahen in den außerparlamentarischen Gremien nicht Helfer, sondern Konkurrenten, die ihrer Ansicht nach das Prinzip der repräsentativen Demokratie in Frage stellten.

Ähnlich scheiterte das Projekt *Hawaii 2000,* das 1970 vom Gouverneur des Staates Hawaii in Zusammenarbeit mit Zukunftsforschern ins Leben gerufen worden war. Die *22 task forces,* die sich aus dreißig bis vierzig *opinion leaders* (Meinungsführern) zusammensetzten, entwickelten zwar außerordentlich interessante Anregungen für eine menschlichere und bessere Zukunft ihres Bundesstaates, der durch krisenanfällige Monokulturen und zu große Abhängigkeit von den US-Militäreinrichtungen in Schwierigkeiten geraten war. Doch diese ›Überdosis von Phantasie‹ wurde von den Berufspolitikern zurückgewiesen. Sie empfanden das mit großen Hoffnungen begonnene Unternehmen nicht als Hilfe, sondern als Konkurrenz und als Gefährdung ihrer Position.

Auch die Ergebnisse des Programms ›Sozialverträgliche Technikgestaltung – Mensch und Technik‹ der Landesregierung von Nordrhein-Westfalen (1986–1988) scheinen den Politisch-Verantwortlichen Kopfschmerzen zu bereiten. Das, was am Arbeitsplatz oder im täglichen Leben betroffene Bürger und Bürgerinnen in vielen Studien zum Ausdruck brachten und sich wünschten, deckt sich nämlich nicht mit der offiziellen Politik der Technologieförderung. Die Gefragten wollen mehr menschliche statt technische Kommunikation; in vielen Fällen sehen sie keinen Sinn für neue Techniken und verlangen – bevor moderne Technik eingeführt wird – weitgehende Mitbestimmung.

Eine neue Aufgabe für Bürgerinitiativen

Die zunächst vergeblichen amerikanischen Versuche einer massenhaften Belebung der sozialen Phantasie haben eines gemeinsam: Sie wurden von sonst nicht politisch aktiven Bürgergruppen getragen, die sich um die Durchsetzung selbsterfundener neuer Ideen bemühten.

Das könnte aber ganz anders werden, wenn hinter solchen Erneuerungsvorschlägen aktive Vereinigungen wie z. B. Bürgerinitiativen stehen, die sich für die Verwirklichung oder zumindest die experimentelle Erprobung solcher Entwürfe einsetzen und damit ein Aufgabenfeld eröffnen, das über ihre bislang vorwiegend defensive Tätigkeit hinausweist. Auf diese Weise gerieten dann die bestehenden Zustände in eine Zange von Kritik und Vision. Denn der Protest gegen das, was ist, erscheint viel überzeugender, wenn er zugleich durch eindrucksvolle Schilderung dessen, was sein sollte und könnte, verstärkt wird. Solche von den Betroffenen selbst entwickelten Szenarien erwünschter künftiger Zustände könnten in ›Wunschheften‹ publiziert und verbreitet, im Theater, im Film, im Fernsehen als Anregung zu Diskussion und Gestaltung vorgestellt werden.

Ein weiterer Schritt wäre – soweit das möglich ist – die experimentelle Erprobung, Beobachtung und spätere Beurteilung solcher Prototypen, die je nach ihrer Bewährung verbessert, eingeführt werden oder im Fall eines Fehlschlags wieder verschwinden sollten.

Großzügig geförderte soziale Experimente, in denen ähnlich wie bei technischen Experimenten Prototypen getestet und aufgrund praktischer Erfahrungen verbessert werden, wären die notwendige Anwendung der gesellschaftlichen Erfindungen, die in Zukunftswerkstätten gemacht werden. Man könnte und sollte für solche Versuche bevorzugt Arbeitslose heranziehen und sie dadurch aus passiven Unterstützungsempfängern in aktive Pioniere bedeutsamer künftiger Lebensformen verwandeln. Der englische Gewerkschafter Mike Cooley versucht genau das in seinen Londoner ›technology networks‹, die modellhaft humane Arbeitsweisen und sinnvolle Arbeitsziele erproben.

Das sprunghafte Ansteigen von Selbsthilfegruppen – besonders in der Bundesrepublik Deutschland, wo nach Schätzungen von Fritz Vilmar und seinen Mitarbeitern 1988 schon etwa 50000 am Werke waren – zeigt, wie stark die Bestrebungen gerade der vom blinden Fortschritt Betroffenen sind, es auf eigene Faust ›ganz anders zu machen‹.

Diese gewaltlose Revolution kann nicht ohne Widerstände bleiben. Denn sie stellt die technokratischen Fortschrittsentwürfe und -projekte derer, die bisher noch das Sagen haben, in Frage. Hier ist etwas in Gang gekommen, das die Zukunft stärker bestimmen könnte als die politischen Parteien. Sie werden vermutlich immer öfter gezwungen sein, den Protest der Bürgerinitiativen zu hören und die von ihnen begonnenen Bürgervorhaben zu unterstützen, wenn sie es mit ihren Demokratiebekenntnissen ernst meinen. Auch die gewählten Repräsentanten des Volkes sollten diese verstärkten Bemühungen der Bevölkerung, an der Gestaltung ihrer Zukunft nicht nur als Wähler, sondern auch als Kritiker, Ideengeber und Experimentatoren teilzunehmen, begrüßen und als eine produktive, hoffnungsvolle Form von Widerstand und Mitarbeit unterstützen.

II.
Erfahrungen aus der Praxis

Eine Siedlung wird gerettet

Wenn man mit gesprächsunerfahrenen Menschen über die Zukunft sprechen will, muß man erst einmal über ihr Verhältnis zur Vergangenheit und Gegenwart reden. Erinnerung und Erlebnis schaffen dabei oft den Absprung ins unbekannte Neue. Der schnellste und meistversprechende Einstieg in eine Zukunftswerkstatt ist die aktuelle Notlage einer Gruppe, in der Unmut und zugleich auch Ratlosigkeit entstehen, weil einerseits ›von oben‹ angebotene Lösungen nicht angenommen werden, andererseits aber konkrete eigene Gegenvorschläge noch nicht vorliegen.

Das war der Fall, als die aus dem vorigen Jahrhundert stammende Bergarbeitersiedlung Eisenheim bei Oberhausen abgerissen und durch moderne Hochhäuser ersetzt werden sollte. Die Bewohner wehrten sich dagegen nicht nur mit schriftlichen Protesten, sondern auch mit handgreiflichen Attacken, als nämlich die Landvermesser auftauchten, in denen sie die Vorboten der Vernichtung ihrer Heimat sahen.

Die ›Sanierer‹, die im Auftrage der Liegenschaftsbesitzer und der Behörden handeln wollten, behaupteten, daß der Widerstand gegen einen notwendigen und begrüßenswerten Wandel nur von ein paar Querulanten und rückschrittlich Gesinnten komme, die aus Gewohnheit lieber in alten, ungesunden und häßlichen Einzelhäusern vergammeln wollten, statt in helle, hygienische – allerdings viel teurere – Etagenwohnungen zu übersiedeln.

Zum Glück wohnte in diesem Ort Professor Roland Günther, ein sozial engagierter Planer, der sich schon früher der Interessen seiner Mitbewohner angenommen hatte. Er wußte von unseren Versuchen, Bürger an der Gestaltung ihrer eigenen Zukunft zu beteiligen, und lud uns nach Eisenheim ein.

So aktivierte er die Bevölkerung auf eine neue und ungewöhnliche Art. Es begann damit, daß für die Abhaltung der geplanten Zukunftswerkstatt eines der alten verrußten Kohlenwaschhäuschen, das schon längst nicht mehr benutzt wurde, gesäubert, instandgesetzt und frisch gestrichen wurde. Auf diese Weise schufen sich die Eisenheimer selbst einen Versammlungsraum, in dem sie nun mit großem Eifer während eines einzigen Nachmittags Dutzende von Vorschlägen für eine Modernisierung vorbrachten, die ihren Bedürfnissen entsprach.

Die Vorschläge der Teilnehmer wurden auf einer großen Papierplane aufgeschrieben. Einen Park wollten sie sich schaffen, eine Bücherei, ein Jugendheim, eine lokale Zeitung und – einen Schandpfahl, an dem die Schikanen und Vernachlässigungen der Grundstücksverwaltung aufgespießt werden sollten. Sie dachten nach, wie und wo man eine Stätte der Begegnung zwischen deutschen und ausländischen Arbeitern einrichten könne, was für die Fußgänger getan werden müsse, wie das ruinierte Kanalisationsnetz in Ordnung zu bringen sei. Eisenheim sollte eine Musterortschaft werden mit einem eigenständigen Kulturleben, Gelegenheit zu vielfacher Begegnung und ständiger Beteiligung aller Bewohner an der Entwicklung ihrer Gemeinde.

Das waren also die ›dumpfen‹ Rückschrittler, von denen diejenigen gesprochen hatten, die Eisenheim im Namen einer besseren Liegenschaftsrendite dem Erdboden gleichmachen wollten. Diese Behauptung glaubte nun niemand mehr. Die Eisenheimer hatten durch ihr aktives, einfallsreiches Auftreten in der Zukunftswerkstatt deutlich bewiesen, daß sie nicht nur ablehnen und verhindern, sondern auch vorschlagen und entwerfen konnten. Sie waren nicht nur Namen

auf einer Lohnliste, Arbeitskräfte, mit denen man umspringen konnte, wie man wollte, sondern Menschen mit eigener Stimme und eigenem Gewicht. Und die Behörden lenkten ein: Eisenheim wurde nicht geschleift, sondern gerettet und im Sinne seiner Bürger humanisiert.

Wie dieses Beispiel zeigt, gehen wir mit der Werkstattmethode auf die Bürger zu und setzen direkt bei ihrem Lebensempfinden, ihren positiven wie negativen Erfahrungen und Erlebnissen an. Was sie sonst im grauen Alltag hinunterschlucken, können sie offen aussprechen und als Herausforderung nutzen. Unmutsäußerungen werden aufgegriffen und für eigenes schöpferisches Nachdenken genutzt, Unmutsäußerungen, die sich in Wendungen niederschlagen wie ›Wenn unsereiner etwas zu sagen hätte‹ oder ›Ich wüßte, was geschehen müßte‹ oder ›Wir werden überhaupt nicht gefragt, dürfen nur immer höhere Steuern zahlen‹. Die Werkstatt kommt ganz zuerst einmal dem allgemeinen Verlangen, gehört zu werden, entgegen. Den direkt Betroffenen bietet sie ein Ventil, das es ihnen erlaubt, sowohl die angestaute Verärgerung loszuwerden als auch Abhilfen vorzuschlagen. Das schafft die Voraussetzung, nicht einfach alles hinnehmen zu müssen, sondern Gegenwehrmöglichkeiten zu entdecken – gegen die sonst einfach übergestülpten Anordnungen und Pläne, gegen die Bevormundung auf allen Gebieten.

In der Zukunftswerkstatt als einem für jeden zugänglichen Ideen-Laboratorium können sie sich wiederfinden:

- in der Kritikphase, in der sie ihr Anliegen **kritisch** vorbringen und zu einer vorläufigen Bestandsaufnahme gelangen;
- in der Phantasiephase, in der sie **positive** Lösungsvorstellungen entwickeln, gegründet auf ihren Wünschen und Hoffnungen;
- in der Verwirklichungsphase, in der aus der kritischen Bestandsaufnahme und den positiven Entwürfen erste **praktische** Schritte abgeleitet werden.

Vor allem die Betonung individueller Phantasieentfaltung in der Gruppe steht im Gegensatz zum üblichen, rein logischen Schließen vom Heute auf das Morgen. Das bewußte Zurückdrängen der ›wissenschaftlichen‹ Arbeitsweise, des stets nach allen Seiten abgesicherten und bewiesenen Vorgehens eröffnet den Zugang zu den unmittelbaren Lebensumständen, auch zu den irrationalen Elementen, den in jedem schlummernden Gefühlen, Sehnsüchten, Träumen und Visionen. In der Zukunftswerkstatt wird diese Seite des menschlichen Wesens nicht länger abgewertet. Vielmehr gilt sie als wichtiger Bestandteil einer von leibhaftigen Menschen bestimmten und verantworteten Zukunft, eingedenk der in der Psychologie bekannten Tatsache, daß offen ausgesprochene Wünsche in irgendeiner Form zur Realisierung drängen. Gerade die zunächst unsinnig erscheinenden und unbeholfen ausgedrückten Vorschläge führen in der Zukunftswerkstatt oft zu konstruktiven Lösungen.

Wenn auch spekuliert und geträumt werden kann, der Phantasie und Kreativität keine Grenzen gesetzt sind, so heißt das doch nicht, daß wir vor der hautnahen Auseinandersetzung mit den bestehenden Verhältnissen, vor den ökonomischen und politischen Hemmkräften fliehen. Bevor wir uns jedoch auf Hinderisse einlassen, sollten wir herausfinden, was *wir* ihnen entgegensetzen. Damit reagieren wir nicht mehr auf Gegebenheiten, sondern stellen ihnen eigene Willensbekundungen, Vorschläge und Entwürfe gegenüber, d. h. wir ergreifen die Initiative. Wir stellen Forderungen, verlangen Prüfungen und Gegenargumente. Im eigentlichen Verwirklichungsprozeß geht es dann darum, möglichst viele Teile unserer hochfliegenden Vorstellungen in die Wirklichkeit einzubringen. Dazu müssen wir uns sachkundig machen, Experten einschalten, Machtkonstellationen abschätzen und Gleichgesinnte finden.

Die Zukunftswerkstatt ist als ein Ort zu verstehen, an dem die eingeschliffenen Denk- und Verhaltensbahnen verlassen werden, wo jeder Teilnehmer seine Ansprüche ungezwungen aussprechen kann. Hier kommen Betroffene oder an einem Mißstand Interessierte zusammen, die gemeinsam ohne Vorbehalte zukunftsorientiert nach Lösungen suchen und damit beginnen, ihr Dasein endlich selbständig zu gestalten.

Bericht über den Verlauf einer Zukunftswerkstatt

Um Vorgehens- und Arbeitsweise zu veranschaulichen, möchten wir von einer Zukunftswerkstatt zum Thema ›Gesellschaftliche Auswirkungen der Computertechnologie‹ berichten. Dabei wird besonders herausgestellt:

- Wie die Werkstatt zustande kam und sich entwickelte;
- was erarbeitet wurde;
- wie die einzelnen Phasen ineinandergriffen;
- welche Probleme auftraten und wie sie gelöst wurden;
- wie die Teilnehmer mitmachten und wie sie sich fühlten.

Wir haben diese Werkstatt ausgewählt, weil in ihr eine Problematik behandelt wurde, die immer mehr Menschen beschäftigt. Man denke nur an die zunehmende Automation in Betrieben und Büros, an die vielen elektronischen Geräte im Haushalt, an die neuen Kommunikationsmedien, vom Kabelfernsehen bis zum Videogerät. Hinter dieser Entwicklung steht die Computertechnologie, besonders in ihrer miniaturisierten Form, der Mikroelektronik. In vielen Bereichen zeichnen sich bereits einschneidende Veränderungen ab. Deshalb wird es wichtig, sich Gedanken darüber zu machen, ob und wie wir in einer ›mikroprozessor-durchsetzten‹ Welt leben wollen oder können.

Thema, Ort und Vorbereitung – Vorbereitungsphase

Auf einer Tagung in Lech (Österreich) sollte das Thema ›Computer und Gesellschaft‹ in einer Arbeitsgruppe behandelt werden. Um sich nicht in den üblichen Kontroversen für und gegen den Computereinsatz zu verlieren, wurde die Methode der Zukunftswerkstatt gewählt. Diese Arbeitsform wurde zudem durch die äußeren Bedingungen begünstigt: ein kleiner Alpenort und genügend Zeit. Wir kündigten die Werkstatt unter dem Titel ›Gesellschaftliche Auswirkungen der Computertechnologie‹ an. Bei der Anmeldung erhielten die Teilnehmerinnen und Teilnehmer ein Heft, worin über Vor- und Nachteile der Computerisierung informiert wurde. Dadurch war es möglich, sich auf die Werkstatt-Thematik vorzubereiten und sich eine eigene Meinung zu bilden.

Auszug aus der Ankündigung:

Anrisse:
- Wenn Schlagworte wie »Informationsgesellschaft«, »Computerzeitalter« oder »Heimcomputerrevolution« die Runde machen,
- wenn die Computerbranche zur Wachstums- und Schlüsselindustrie par excellence wird,
- wenn Computer, besonders in ihrer miniaturisierten Form (Mikroelektronik), in immer mehr Lebens- und Arbeitsbereiche eindringen,
- wenn viele Arbeiten, zunehmend auch kreative Tätigkeiten (z. B. Sachbearbeiter- oder Konstruktionsarbeiten) von Computern übernommen werden,
- wenn große Teile des menschlichen Zusammenlebens (wie z. B. das Leben in einer Stadt) ohne Computer zusammenbrechen würden,
- wenn Computer helfen, Informationsvorsprünge und Machtverhältnisse zu erhalten, Kontroll- und Überwachungsfunktionen auszuüben,
- wenn Bürger anfangen, sich gegen computerbedingte Zustände zu wehren – z. B. gegen Personalinformationssysteme, Verarbeitung und Weitergabe von Personendaten,

dann hat ein radikaler Umbruch des gesamten Gesellschafts- und Wirtschaftsgefüges begonnen.

Einige **Stichworte** zum sich abzeichnenden computerisierten Leben:
- Textverarbeitungssysteme bzw. mikroprozessorbestückte Maschinen

- papierloses Büro
- menschenleere Fabrikhallen
- vollkommen veränderte Arbeitswelt
- neuartige Belastungs- und Überwachungsformen
- Angst vor sozialem Abstieg und Dequalifikation
- neuartige Berufs- und Betätigungsfelder
- multi-channel-society
- Kabelfernsehen
- Telekommunikation
- Heimcomputer
- Informations- und Kommunikationsvielfalt
- Mensch am Draht
- Vereinsamung
- Chancen für eine fähigkeitsgemäße Entfaltung und für Basisdemokratie.

Fragen:
Werden sich die menschlichen Fähigkeiten durch Computerisierung stark erweitern: vom programmierten Lernen über Programm- und Kommunikationsvielfalt bis zu den Möglichkeiten, sich jederzeit und überall auf Knopfdruck eine gewünschte Information bzw. Unterhaltung beschaffen zu können? Wird diese Vielfalt für soziale Kommunikation, für ein menschliches Miteinander, für Computerdemokratie, für gesellschaftliche Veränderungen im Sinne von mehr Freiheit und Gleichheit sorgen?

Oder entwickeln sich durch Computerisierung elektronische Lebensadern, gewissermaßen ein zweites Nervensystem des Menschen und der Gesellschaft? Entstehen dadurch Abhängigkeiten von technischen Geräten und Computerherstellern, von Datenbank- und Medienbesitzern, die den »mündigen« Bürger am Kabel haben, die vielleicht in der Lage sind zu wissen, was er kauft und konsumiert, was er leistet und liest, mit wem er sich trifft und was er politisch denkt?

Oder werden durch Computerisierung neue Massenmärkte erschlossen, künstliche Bedürfnisse geschaffen, die dem menschlichen Zusammenleben zuwiderlaufen? In welchem Maße entwickeln sich hier immer feinere Abhängigkeiten von einer technischen Maschinerie, die kein selbständiges Entfalten mehr duldet?

Arbeitsweise:
Mit Hilfe einer Zukunftswerkstatt beabsichtigen wir zunächst, die Interessenschwerpunkte der Gruppenmitglieder herauszufinden. Auf dieser Basis soll dann an dem am meisten interessierenden Themenkomplex gearbeitet werden. Anhand von Beispielen – die Teilnehmer sollten eigene Erfahrungen zur Computerisierung einbringen – wird der gewählte Themenkomplex auf seine menschlich-gesellschaftlichen Konsequenzen hin aufgeschlossen, hinterfragt und eingeschätzt.

Zum organisatorischen Rahmen gehörten eine ›freundliche‹ Umgebung (Raum) und als Arbeitsmaterialien große Papierbogen, Klebeband (Tesakrepp) und Filzstifte in verschiedenen Farben. Außerdem standen eine Schreibmaschine und ein Vervielfältigungsgerät zur Verfügung. Ein Getränkeautomat in Reichweite gewährleistete die Versorgung mit Kaffee oder Tee.

Um den Einstieg ins Gespräch mit denen, die am Werkstatt-Thema interessiert waren, zu erleichtern, setzten wir eine Vorbesprechung an. Siebzehn Personen aus verschiedenen Erfahrungsbereichen nahmen daran teil. Neben Informatik-Studenten, Ingenieuren, Sozialwissenschaftlern waren auch ein Richter und eine Heilpraktikerin gekommen. Eingangs erläuterten wir zunächst Anliegen, Vorgehen und Durchführung einer Zukunftswerkstatt.

In der Diskussion nach dieser Einstimmung wollten die Teilnehmer unter anderem wissen, wie das Ganze praktisch vor sich geht, was sie mitbringen mußten, welche Zeit zu veranschlagen sei. Da inzwischen andere Tagungstermine drängten und die Gruppe auseinanderzubröckeln drohte, einigten wir uns vor allem auf einen Zeitplan. Wir nahmen uns für jeden der drei Nachmittage eine Phase vor, wobei die Möglichkeit offengelassen wurde, nach Bedarf umzudisponieren und vielleicht auch einmal in den Abend hinein zu arbeiten. Bevor wir auseinandergingen, wurde angeregt, daß wir uns gemeinsam am Nachmittag im Bad treffen sollten, um uns ungezwungen näher kennenlernen zu können.

Auch wenn sich nicht alle am ›Badenachmittag‹ beteiligten, so war dieser Ausflug für den Ablauf der Werkstatt sehr förderlich. Indem wir uns – teilweise sogar recht ausgelassen – über verschiedene Themen unterhielten, von unseren Interessen, Plänen und Arbeiten erzählten, entdeckten wir Berührungspunkte und Gemeinsamkeiten.

Arbeitsschwerpunkte finden – Beschwerde- und Kritikphase

Als wir uns am nächsten Nachmittag in einem Klassenzimmer der Mittelpunktschule trafen, war es selbstverständlich, die Tische in eine Ecke zu verbannen und die Stühle im Halbkreis um die Papierbogen zu gruppieren, die an der Wand aufgehängt waren. Am Tag darauf verschwanden auch die meisten Stühle; statt dessen saßen wir nun auf Turnmatten, wodurch die Strenge des Raumes weiter gemildert wurde.

Nachdem sich die Teilnehmer vorgestellt hatten und auf Verlangen die Grundzüge der Zukunftswerkstatt nochmals erklärt worden waren, fingen wir mit der ersten Phase an; dazu wurde das Thema unserer Werkstatt groß auf die Wandzeitung geschrieben: GESELLSCHAFTLICHE AUSWIRKUNGEN DER COMPUTERTECHNOLOGIE und die Teilnehmer aufgefordert, Kritikpunkte zu äußern, die ihnen dazu einfielen.

Die Frage lautete: Was gefällt uns nicht, was mißfällt uns am Computereinsatz, was ist sonst noch daran zu kritisieren?

Kritikphase – Sammlung der Kritikpunkte (Zahlen in Klammern bedeuten anschließend vorgenommene Bewertung)

- mit Computern wird sorglos umgegangen
- eine technische Elite von Computerexperten hat sich herausgebildet (3)

- im Informatikstudium kann man kein Unbehagen äußern
- die Bevölkerung wird über die Computerauswirkungen nicht informiert, sie wird vom Computer überrumpelt (13)
- durch den Computer wird eine Scheinwelt aufgebaut (4)
- einseitige Nutzung von Computern – alles optimieren und automatisieren (11)
- Computermethoden abstrahieren zu stark, z. B. beim Einsatz in den Sozialwissenschaften
- Einbruch in die Privatsphäre – Heimcomputer – Tendenz: Entmenschlichung (14)
- Computer schafft Angst (3)
- Computer kompliziert alles
- Anonymität: Maschine zwischen Mensch und Mensch (5)
- Computer schafft mehr Probleme, als er löst
- Computer schafft Arbeitsplätze?
- man wird abhängig vom Computer, von der Computerindustrie
- Gewerkschaften haben/bieten keine Alternativen, z. B. in bezug auf die Bürorationalisierung (3)
- es entstehen quasi-erotische Beziehungen zum Computer, z. B. der Computerfetischist, der zwanghafte Programmierer
- Einengung durch Computer – Reglementierung des Menschen/des Programmierers (5)
- der Überblick geht verloren, Auswirkungen sind nicht abschätzbar (5)
- Probleme werden auf die Spezialisten abgeschoben (2)
- Computer wird zum Fetisch, zum Statussymbol, zum Prestigegewinn (7)
- Aufbau riesiger ›Apparate‹
- niemand weiß mehr genau, was in der Maschine steckt, in ihr vorgeht
- ich weiß nicht, was wo über mich gespeichert ist (6)
- es gibt keinen wirksamen Datenschutz (5)
- zusehends wird auch die Freizeit von Computern beherrscht (2)
- Computerabläufe sind undurchsichtig, es besteht keine Kontrolle oder Einsicht

- für den normalen Bürger bestehen Zugangsprobleme zur Computernutzung
- hoher Kapitaleinsatz – Computer muß rund um die Uhr laufen
- die Maschine diktiert den Arbeitsrhythmus (2)
- Computer ist ein Rationalisierungsinstrument, daher steht er der Humanisierung entgegen
- Mikroelektronik wird nicht hinterfragt – Wachstumsideologie (2)
- Auswirkungen der Computertechnologie werden im Studium nicht behandelt (11)
- es besteht kein Datenschutzbewußtsein
- die Verantwortung wird auf den Computer abgeschoben (2)
- die Gesellschaft, der Mensch wird durch die Computertechnologie vereinnahmt
- wachsender Glaube, daß der Computer mehr als der Mensch vermag
- ohne Computer weiß man sich nicht mehr zu helfen, z. B. Taschenrechner in der Schule
- durch den Computer wird die Quantifizierung überbewertet
- Überwachbarkeit des Menschen und seiner Arbeit (13)
- eine gesellschaftliche Kosten-Nutzen-Rechnung wird für die Computernutzung und -auswirkung nicht erstellt (1)
- Experten geben vor, die Computertechnologie zu beherrschen
- Monopolstellung der Computerhersteller

Die Kritiksammlung wurde nach gut einer dreiviertel Stunde abgebrochen. Nun standen wir vor der Aufgabe, aus der Vielfalt der genannten negativen Aspekte jene Problemkomplexe herauszusuchen, die uns alle am meisten interessierten. Da aus Zeitmangel die Nennungen nach übergreifenden Gesichtspunkten – wie z. B. nach Wirtschaftsinteresse, Unmenschlichkeit, Technikmißtrauen – nicht geordnet und zusammengefaßt werden konnten, gingen wir pragmatisch vor. Kritikpunkt für Kritikpunkt wurde laut vorgelesen und kurz erläutert, damit jeder ungefähr das gleiche darunter verstand. Dann erhielt jeder Teilnehmer sieben Punkte, die er entsprechend seiner Einschätzung vergeben konnte; dabei wurde es ihm überlassen, ob er seine Gesamtpunktzahl einer Nennung zuteilte oder sie über mehrere Nennungen streute.

Auf diese Weise erhielten wir schnell die Problemkomplexe, die der Mehrzahl von uns am wichtigsten für die Weiterarbeit erschienen. Am höchsten wurden bewertet:

1. Einbruch in die Privatsphäre – Heimcomputer – Tendenz: Entmenschlichung (14)
2. Die Bevölkerung wird über die Computerauswirkungen nicht informiert, sie wird vom Computer überrumpelt (13)
3. Überwachbarkeit des Menschen und seiner Arbeit (13)
4. Auswirkungen der Computertechnologie werden im Studium nicht behandelt (11)
5. Einseitige Nutzung von Computern – alles optimieren und automatisieren (11)

Um herauszufinden, was sich hinter der Kritikauswahl verbarg, erörterten wir die fünf Problembereiche einzeln nacheinander, indem wir dazu jeweils möglichst konkrete Beispiele zusammentrugen. Vor allem wurden folgende Argumente geäußert:

1. Einbruch in die Privatsphäre

Mikroprozessorengesteuerte Spiele (z. B. Schachcomputer, TV-Spiele) bereiten die Computerisierung des Privatbereichs vor.

Immer mehr personenbezogene Daten werden erfaßt; Staat und Wirtschaft ›erschaffen‹ sich Datenmenschen. Der Mensch wird durch die Maschinen vom Mitmenschen isoliert.

Gefahr: Fetischisierung der Privatsphäre – Schaffung einer anderen Privatsphäre durch den Computer.

Warum kommen diese Geräte? Durch künstlich erzeugte Sachzwänge? Durch Werbung und Konsumzwang? Durch Konzerne, die sich Märkte schaffen? Durch Rationalisierungsmaßnahmen?

Welche *Strukturen* erzeugen diese Zwänge (nicht wer erzeugt sie)? Wachstumsideologie? Kapitalistisches Wirtschaftssystem? Von uns müssen diese Strukturen mitbeeinflußt werden: Wohin führen wir die Technik? (Und nicht: Wohin führt uns die Technik?)

Gefahr durch die neuen Medien, besonders durch das Kabelfernsehen.

2. Uninformierte und überrumpelte Bevölkerung

Die Bevölkerung ist nicht darüber informiert, was ein Computer ist, was er kann und nicht kann.

Dem Computer werden übermenschliche Fähigkeiten zugeschrieben; ihm haftet bei den meisten Bürgern etwas Mystisches an; ›Halbgott Computer‹!

Computergläubigkeit mindert kritisches Urteilsvermögen.

Weil man zu wenig weiß, entsteht Computerangst, die sich vor allem auf Erfahrungen am eigenen Arbeitsplatz begründet.

Der Bürger wird überrascht und überrumpelt beim Erfassen seiner persönlichen Daten, da er sich über die Konsequenzen nicht im klaren ist.

In den Medien, in Presse, Fernsehen und Funk werden die Auswirkungen überwiegend verharmlost.

3. Überwachbarkeit

Ständige Kontrolle am Arbeitsplatz – neue Möglichkeiten dank Mikroelektronik.

Die neuen Erfassungsmethoden liefern Grundlagen für Informationssysteme, besonders im Personalbereich.

System SIPAS ermöglicht eine lückenlose Überwachung, nicht nur der Arbeit, sondern auch sonstiger Aktivitäten im Betrieb.

Der ›Große Bruder‹ wird Realität!

Folgen: Arbeitshetze und Streß nehmen zu, Kameradschaft und Solidarität nehmen ab.

Auch das Freizeitverhalten von Arbeitern und Angestellten wird zusehends kontrollierbar.

(Das 1. und 3. Thema könnte zusammengefaßt werden: *Überwachung des Menschen in Arbeit und Freizeit*)

4. Keine Auswirkungen im Studium

In den Lehrveranstaltungen sind die *technischen und gesellschaftlichen Aspekte* voneinander getrennt. Ursache: Spezialistentum. Die Herkunft des Professors spielt eine Rolle, ob er gesellschaftliche Fragestellungen in sein Fach mit einfließen läßt.

Argumentationen der Technik-Professoren: ›Das ist ein Glaubensbekenntnis – darüber kann man nichts sagen!‹, ›Gehen Sie doch zu den Soziologen oder Politologen!‹, ›Aussagen zu gesellschaftlichen Auswirkungen zu machen, dafür bin ich nicht kompetent.‹

Das Berufsbild des Technikers: Seine Ausbildung ist einseitig; um die Folgen hat er sich nicht zu kümmern.

Gesellschaftliche, sozialwissenschaftliche Themen sind *zu wenig exakt;* sie sind nicht quantifizierbar.

Theorie und Praxis werden streng voneinander abgegrenzt. Auch viele Studenten haben wenig Interesse, sich über die Auswirkungen ihres Tuns den Kopf zu zerbrechen.

5. Einseitige Nutzung

Arbeitsvorgänge werden nur noch im Hinblick auf ihre Automatisierbarkeit betrachtet.

Der Blickwinkel des Informatikers ist einseitig: Er sieht alles in Algorithmen.

Was kann sinnvollerweise mit dem Computer gearbeitet werden und was nicht?

Computereinsatz wird als weltanschaulich-philosophisches Problem angesehen.

Rationalisierung und Automatisierung versprechen eine bessere Kapitalverwertung.

Ursache: Weltweite Konkurrenz!

Hersteller- und Anwenderinteressen.

Nach ausführlicher Betrachtung der fünf Problembereiche, für die wir ungefähr zwei Stunden benötigten, vertagten wir uns. Insgesamt waren wir an diesem Nachmittag ungefähr vier Stunden zusammen. Das heißt jedoch nicht, daß wir uns ununterbrochen mit der Aufgabenstellung befaßt hätten. Es wurde vielmehr versucht, jeglichen Druck zu vermeiden. Die ganze Sitzung zeichnete sich – trotz teils erheblicher Meinungsunterschiede – durch ein freundliches Miteinanderumgehen aus. Da wurde zwischendurch über recht persönliche Dinge geredet, oder jemand schlug vor, gemeinsam einen Kaffee trinken zu gehen. Es versteht sich von selbst, daß bei der langen Sitzungsdauer nicht ständig alle Gruppenmitglieder anwesend waren.

Wir verließen an diesem Abend nicht irgendeinen Raum, sondern ›unseren‹ Raum, in dem wir ›heimisch‹ geworden waren. Denn im Laufe des Nachmittags hatte sich sein Aussehen gewandelt: Die Wände waren mit unseren Wandzeitungen tapeziert – wir saßen inmitten unserer Arbeitsergebnisse: Sätze, Stichworte in Rot, Blau, Grün oder Schwarz rundum –, das zuvor unscheinbare Interieur des Zimmers war verschwunden und vom ›Werkstattleben‹ überdeckt.

Phantasieren: zwei Gruppenentwürfe – Phantasie- und Utopiephase

Damit wir möglichst nahtlos an die Arbeit des Vortages anknüpfen konnten, verteilten wir zu Beginn des zweiten Nachmittags die Protokolle der Wandzeitungen. Da die Meinungen, welche Problemkomplexe weiterzuverfolgen seien, stark voneinander abwichen, wurden zwei Phantasiegruppen gebildet, die möglichst mehrere Ausgangsschwerpunkte zu jeweils einem Thema zusammenziehen sollten.

Bei der Einweisung in die Phantasiephase betonten wir besonders, daß das Entwickeln von Phantasien und Utopien keineswegs einfach sei, denn es bedeute, daß man sich aus den Fesseln des täglichen Lebens lösen müsse. Wir beschworen die ›Werkstättler‹ geradezu, sich in dieser Phase immer wieder folgende Grundsätze vor Augen zu führen:

- Für uns spielt die Wirklichkeit jetzt keine Rolle.
- Uns ist im Denken alles erlaubt, alles geht und ist möglich.
- Wir können und sollen ohne Einschränkung wünschen, spinnen, phantasieren und träumen.

Um die Stimmung aufzulockern, begannen wir ein Gruppenspiel. Ein Teilnehmer schlug vor, wir sollten gemeinsam eine Geschichte erfinden, zu der jeder reihum einen Satz beiträgt. Schnell entstanden komische Verwicklungen und Wendungen, so daß die anfängliche Gespanntheit recht bald gelöst war. Dann teilten wir uns in zwei Gruppen.

Die Kritikpunkte, mit denen sich die erste Gruppe phantasievoll und schöpferisch auseinandersetzen wollte, waren:
- Die Bevölkerung wird über die Computerentwicklungen nicht informiert, sie wird vom Computer überrumpelt.
- Auswirkungen der Computertechnologie werden im Studium nicht behandelt.

Die Gruppe stellte zunächst Überlegungen an, was beide Punkte miteinander verband und wie sie zu einem Phantasiethema zusammengebracht werden könnten. Es dauerte nicht lange, da war das verbindende Thema gefunden und für die **Phantasiephase** positiv formuliert.

Niemand soll von der Computertechnologie in Gesellschaft und Studium überrumpelt werden.

Als Frage ausgedrückt, hieß das: Wie müssen Gesellschaft und Studium aussehen, damit jeder Bürger umfassend informiert ist und niemand überrumpelt werden kann? Was wünschen und erhoffen wir uns? In einem Brainstorming versuchten wir erste Antworten und entwickelten Vorstellungen, die wir vier Stichworten zuordneten:

INFORMATIONSVERMITTLUNG
- umfassendere und frühere Information;
- nicht nur sachlich, sondern auch in größeren Zusammenhängen und emotional informieren;
- das Erfahrene und Gelernte muß durch eigenes Hinterfragen vertieft werden.

Bürgernaher Wissenschaftsbetrieb und Studium

- technische Neuerungen werden im gesamtgesellschaftlichen Zusammenhang gesehen, das verlangt von den Einzeldisziplinen eine ganzheitliche Betrachtungsweise;
- warum eine Wissenschaft so arbeitet und vorgeht, wird offengelegt;
- es wird bekanntgemacht, wer Forschungen finanziert, wer von wissenschaftlichen Ergebnissen profitiert;
- es wird nicht nur für Prüfungen gelernt, sondern der Stoff ist zu verinnerlichen;
- Projektstudium;
- Forschung geschieht unter Bürgerkontrolle;
- Bürger, Wissenschaftler und Studenten bestimmen über die Forschungsgelder;
- Studenten haben Einfluß auf Diplom- bzw. Dissertationsthemen;
- Fortschritt wird nicht dem Selbstlauf überlassen, sondern richtet sich nach den Bedürfnissen der Mehrheit;
- kein Technik-, Computereinsatz aus rein ökonomischen Interessen.

Bürgerverständlichkeit

- Abschaffung der Fachsprachen: Jeder Wissenschaftler oder Experte drückt sich in einer auch für Normalbürger verständlichen Sprache aus;
- Fachkompetenz und Spezialistentum sind zurückgedrängt.

Bürgereinfluss

- jeder Bürger besitzt ein ›Vetorecht‹, verlangt Erklärungen, wenn er sich überfordert fühlt;
- Bürger verfügen über ein breites und fundiertes Allgemeinwissen, so daß sie sich sehr schnell in neue Sachgebiete einarbeiten können;
- die Bürger bestimmen über Innovation.

Für eine genauere Betrachtung wählten wir aus diesem Wunschpanorama den Teil ›Bürgernaher Wissenschaftsbetrieb und Studium‹. Um wirklich konkret-phantastisch wer-

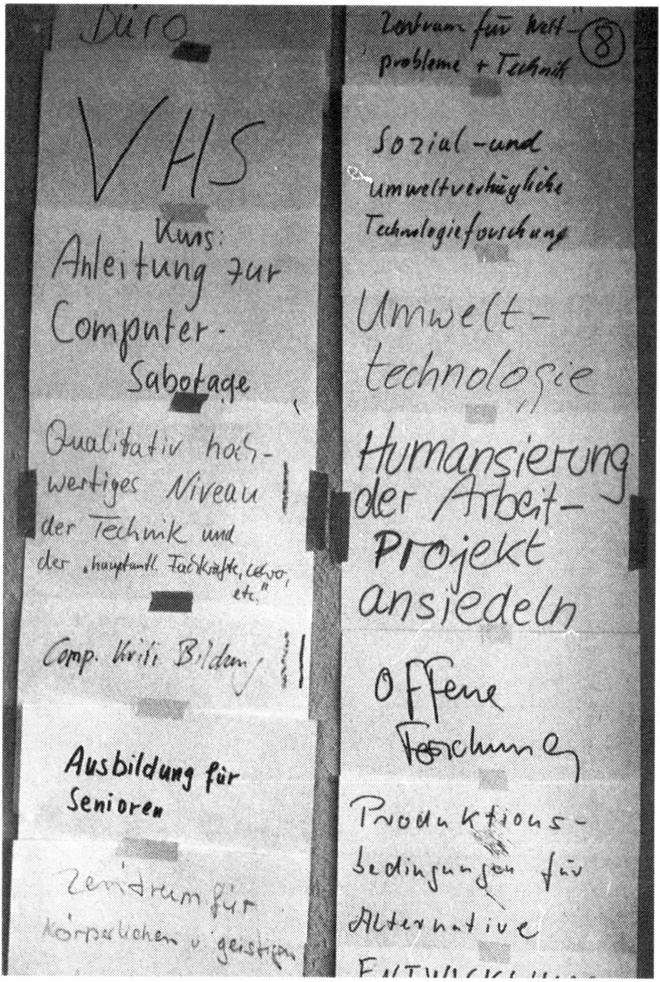

den zu können, beschlossen wir, zusammen eine kleine ›utopische‹ Geschichte zu verfassen.

Unsere Handlung siedelten wir in einem Betrieb und in einem Universitätsinstitut an.

Im Betrieb werden computergesteuerte Notrufsysteme für Krankenhäuser produziert. Ein Überdenken dieser Produktion wird notwendig, weil ein Patient durch Nicht-Funktionieren des Systems gestorben ist. Die Produktion wird gestoppt, und alle anderen Benutzer des Systems werden über die Möglichkeiten eines Ausfalls informiert.

Gleichzeitig wird den Bürgern in verständlicher Sprache das Funktionieren des Systems erklärt, sein Versagen analysiert, und die Begleitumstände des Todesfalls werden offen dargelegt.

Da der Betrieb verstaatlicht ist und die Bevölkerung über die Produktion mitbestimmt, wird das Abstellen der Fehlfunktion verlangt und eine Neukonzeption empfohlen.

Ein Universitätsinstitut übernimmt die Federführung, um die Notwendigkeit von Notrufsystemen in Krankenhäusern zu durchdenken und möglicherweise andere Lösungen vorzuschlagen. An der Untersuchung arbeiten gleichberechtigt mit: Ingenieure, Professoren, Studenten im Projektstudium, Betriebsangehörige, Mediziner, Patienten, Soziologen, Psychologen, interessierte Bürger u. a.

Eine Arbeitsgruppe geht die Aufgabenstellung grundsätzlich an. Man stellt fest, daß Notrufsysteme wegen der Größe und Unüberschaubarkeit von Krankenhäusern notwendig wurden. Als Antwort darauf entwickelt sie einen neuen Krankenhaustyp:

- *Krankenhaus im Grünen;*
- *dreistöckige Einzelhäuser, die in zwei Richtungen miteinander verbunden sind;*
- *Patienten bringen ihre Möbel mit;*
- *für Angehörige sind Schlafplätze vorhanden;*
- *das Krankenhauskollektiv besteht aus Ärzten, Schwestern, Pflegern, Patienten, Studenten, Angehörigen;*
- *in jedem Haus wohnen Arztfamilie, Schwestern, Pfleger und Studenten in Wohngemeinschaften;*
- *die Studenten studieren praxisbezogen und leben im Krankenhauskomplex;*
- *es gibt ein selbstverwaltetes Kulturzentrum.*

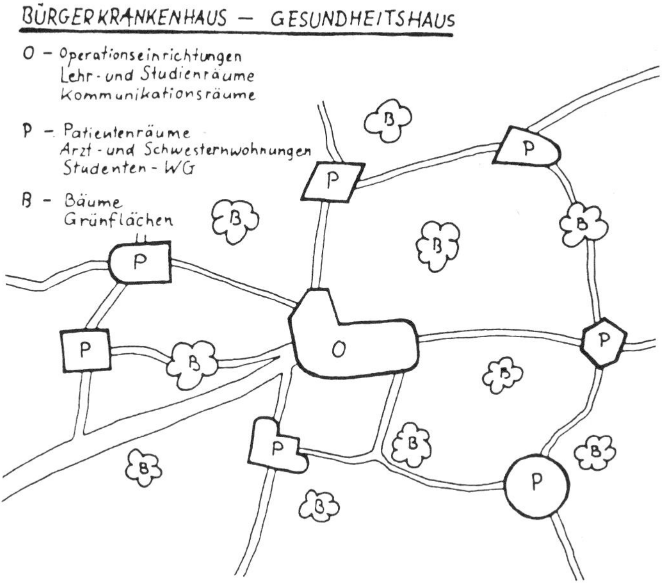

Ergebnis: *Für ein computergestütztes Notrufsystem besteht bei diesem menschennahen Krankenhaustyp kein Bedarf mehr. Angehörige, Ärzte, Studenten usw., die im gleichen Haus mit den Kranken leben, übernehmen die Schutzfunktion. Dem Herstellerbetrieb wird nahegelegt, er solle seine Produktion so umgestalten, daß er sich an der Verwirklichung des Bürgerkrankenhauses beteiligen kann.*

Soweit die ›utopischen‹ Vorstellungen der Gruppe, die in keiner Weise vorgeprägt waren, sondern spontan in der Diskussion entwickelt wurden. Es ist faszinierend mitzuerleben, wie in einer Gruppe von acht Personen Gedanken entstehen, aufgegriffen und weitergesponnen werden und plötzlich allen annehmbar erscheinen. Das gemeinsame Erfinden einer solchen Geschichte ist letzten Endes nichts anderes als ein lautes Vor-sich-Hinphantasieren in der Gruppe. Und daß das Spaß macht und anregt, zeigt sich auch anschließend beim Essen.

Die Gespräche kreisten auch hier um ›unser Krankenhaus‹: Wir müßten jetzt noch viel genauer werden, vielleicht uns doch einmal einen Tagesablauf aus der Sicht eines Arztes, Studenten oder Patienten ausmalen, grundsätzlich die Frage nach der Technik in einem derartigen Krankenhaus stellen ...

Die zweite Gruppe beschäftigte sich mit den Themen:

- Einbruch des Computers in die Privatsphäre;
- Überwachbarkeit des Menschen und seiner Arbeit;
- einseitige Nutzung: alles automatisieren und optimieren.

Diese Gruppe ging anders als die erste vor. Sie wollte keine zusammenhängende Utopie entwickeln, sondern löste ihre Aufgabe dadurch, daß sie Forderungen, Ideen und Wünsche formulierte. Nachfolgend ihr Protokoll:

Wir haben in einer ersten Runde ziemlich wahllos Ziele, Ideen und Phantasien zu den drei Kritikpunkten entwickelt. In einer zweiten Runde haben wir diese Punkte zu ordnen versucht. Wir kamen zu folgender Unterteilung:

a) Der Computer ist aus gewissen Lebens- und Anwendungszusammenhängen zurückzudrängen;
b) gesellschaftlich sinnvoller Computereinsatz;
c) Überdenken des Computereinsatzes – Umverteilung und Neuorganisation (Kombination von a und b).

Zu a): Computer zurückdrängen

- *Die Speicherung personenbezogener Daten ist zu verbieten: Was geht Behörden und Betriebe mein Privatleben an?*
- *Kinder dürfen in den ersten acht Schuljahren nicht mit dem Taschenrechner rechnen (lernen).*
- *Keine Unterrichts- oder Lehrmethoden per Computer. Abschaffung der computergerechten Fragebogenprüfungen; die Prüfung soll wieder Ort menschlicher Kommunikation werden.*
- *Verbot des unnötigen oder unsinnigen Computereinsatzes beim Menschen in physischer/psychischer Hinsicht – also z. B. zur Geschlechtsbestimmung von ungeborenen Kin-*

dern, zur künstlichen Befruchtung, zum Hinauszögern des Todes wie etwa bei Tito (Recht auf einen humanen Tod).

- *Entwicklungs- und Produktionsstopp der Computer- und Mikroelektronik-Technologie; die Computer sollen langsam aussterben, indem keine neuen mehr in Betrieb gehen und defekte alte nicht ersetzt werden.*
- *Gar keine Computer mehr auf der Welt.*

Zu b): Gesellschaftlich sinnvoller Computereinsatz

- *Der Computer sollte dazu eingesetzt werden, daß stupide und montone Arbeit nicht mehr von Menschen ausgeführt zu werden braucht.*
- *Der Computer soll als Werkzeug/Hilfsmittel benutzt werden.*
- *Computereinsatz zur Vermeidung von Kriegen. Den Generälen werden Computer zur Verfügung gestellt, mit denen sie ihre Schlachten und Feldzüge simulieren können.*
- *Der Computer könnte helfen, Aggressionen abzubauen.*
- *Der Computer soll helfen, Fehlleistungen des Menschen zu verhindern – z. B. Geisterfahrer auf der Autobahn.*
- *Es sollen nur Computer eingesetzt werden, die vom Benutzer bedient und verstanden werden können. Daher: Beschränkung der Größe von Computersystemen.*

Zu c): Überdenken des Computereinsatzes

- *Mehr persönlichen Kontakt mit Behörden; sinnvolle Automatisierung; keine Computer, die den Kontakt Bürger-Behörden weiter entpersonalisieren.*
- *Der Mensch darf in der Medizin nicht zu einer Nummer werden. Zeit, die durch den Einsatz von Computern gewonnen wird, soll für den Kontakt zwischen Arzt und Patient genutzt werden.*
- *Arbeitsplatz: Die Kommunikation der Arbeitenden untereinander ist zu fördern. Mehr Bezug zum Menschen.*

Außerdem kamen wir noch zu einzelnen Forderungen, die in keine dieser drei Kategorien einzuordnen sind:

- *Stärkung der Entscheidungsfähigkeit des einzelnen;*

- *weniger Experten und Spezialisten;*
- *die Technik sollte begreiflicher und handhabbarer werden;*
- *Umkehrung der gegenwärtigen Entwicklung: Zurückdrängen der künstlichen, technisch-synthetischen Umwelt – Ausdehnung der natürlichen, menschengemäßen Umwelt.*

Die Werkstattarbeit dauerte an diesem Nachmittag drei bis vier Stunden. Genau läßt sich das aber nicht angeben, da die Debatten im Restaurant weitergingen; dort wurden auch die Protokolle fertiggestellt.

Der lange Weg zu praktischen Schritten – Verwirklichungs- und Praxisphase

Im Mittelpunkt des dritten Nachmittags standen die ›Gruppenphantasien‹, ihre Auswertung und die Suche nach Mitteln und Wegen, mit denen den negativen Auswirkungen der Computertechnologie begegnet werden kann. Während bei der Vorstellung der Gruppenergebnisse nur einige Erklärungen verlangt wurden, entbrannte bei der Schilderung der Phantasie-Erfahrungen eine heftige Diskussion. Allgemein wurde bemängelt: Was als ›Phantasieprodukte‹ vorliege, seien allenfalls utopische Versatzstücke; man klebe viel zu sehr an der Wirklichkeit; niemand habe gewagt, richtig aus sich herauszugehen. Eine Teilnehmerin nannte es ›Phantasiesperre‹, die sie lange gehindert habe, und als es ihr schließlich gelungen sei, diese Sperre ein wenig zu durchbrechen, da sei die Werkstatt fast zu Ende gewesen.

Unsere Frage, ob sie nochmals so arbeiten wollten, bejahten alle Teilnehmer. Gerade diese Art des Herangehens hätte herausgefordert und angeregt, nur müsse mehr Zeit zur Verfügung stehen. Einige wünschten sich einen zweiten Durchgang, ein Weiterphantasieren auf der Grundlage des Erreichten, denn jetzt kenne man sich besser, würde ungehemmter eigene Wünsche und Gedanken ausbreiten, verrückte Einfälle aussprechen.

In der eigentlichen **Verwirklichungsphase** war nun eine Brücke zwischen dem erwünschten Zustand auf der Phantasie-Ebene und den realen Bedingungen zu schlagen. Aus beiden Gruppenprotokollen suchten wir dazu jene Utopie-Aspekte heraus, die uns bemerkenswert, faszinierend und wichtig erschienen. Bald stand auf den Papierbogen eine Liste mit Erfindungen, Wünschen, Forderungen und Ideen. Sie fragten wir dann einzeln danach ab, ob und wo es bereits Ansätze, Beispiele oder Experimente in der von uns erhofften Richtung gab. Eine gemischte Ideentafel entstand:

Vorschläge und Erfindungen	Bestehende Ansätze zur Verwirklichung
Verständliche Unterrichtung der Bevölkerung vor Entscheidungen	Teilweise durch Bürgerinitiativen; Selbstverwaltete Betriebe (Lip, Dritte-Welt-Läden etc.)
Einflußnahme der Bürger in Entscheidungsprozessen garantiert	Volksabstimmung (AKW Zwentendorf); Partizipation bei der Stadtgestaltung (Bologna, Pavia); in Betrieben, z. B. in Skandinavien Mitbestimmung bei der Einführung neuer Technologien
Für die Studenten realistische Problemstellung; Möglichkeit im Studium Verantwortung tragen zu lernen	Projektstudium, in Ansätzen in Bremen, Kassel; offene Universitäten (England und Dänemark); Tvind-Schulen
Gesundheitshaus: tendenzielle Auflösung des traditionellen Arzt-/Patient-Pflegepersonal-Verhältnisses	Demokratische Psychiatrie in Italien zielt auf die Abschaffung der Institution »psychiatrische Klinik« (Triest, Perugia-Arezzo etc.); »Offene« Kliniken in England und USA
Krankenhauskollektiv (Arzt, Patienten, Pflegepersonal ...)	Bei Dauerpatienten (z. B. in Alterskliniken, psychiatrischen Anstalten) einfacher als in »normalem« Spital. Free Clinic; Sozialistisches Patientenkollektiv; demokratische Psychiatrie in Italien

Vorschläge und Erfindungen	Bestehende Ansätze zur Verwirklichung
Studenten und andere Betroffene zur Forschung legitimieren	–
Aus studentischen Projektarbeiten hervorgegangene Neuorientierungen, auch unter Mitwirkung der Betroffenen	Wurde teilweise als Ausfluß aus studentischen Projekten (etwa Diplomarbeiten) realisiert; u. a. bei Planern und Architekten
Ausweitung des Berufsfeldes der Betriebsangehörigen (Betrieb) der Elektro-Branche)	einige Alternativbetriebe; Job Rotation; Job Enlargement; Job Enrichment; Familienbetriebe funktionieren oft so
Studenten wohnen und leben im Betrieb/Krankenhaus, wo sie ihr Projektstudium realisieren	In China zur Zeit der Kulturrevolution
Kulturelle Veranstaltungen im Betrieb/Krankenhaus	Teilweise in Kinderspitälern, in psychiatrischen Kliniken in Italien
Technisches Notrufsystem durch Menschen ersetzen	Erdbebenvorwarnung in China durch Tierbeobachtung
Einsatz der Mikroelektronik zur Dezentralisierung medizinischer Betreuung: Selbstüberwachung statt Überwachung durch Experten (Arzt)	Computer, die vom Kranken per Telefon angewählt werden; Seh- und Hörhilfen für Behinderte (Lucas)
Verhinderung von Verkehrsunfällen durch mikroelektronische Steuerungssysteme (Geisterfahrer)	Teilweise realisiert bei Autobahntunnels
Verbot des Computereinsatzes zur unnötigen Verlängerung des menschlichen Lebens (Tito-Effekt)	In einigen Ländern (England, USA, Skandinavien) ist die Diskussion über diese Fragen angelaufen

Vorschläge und Erfindungen	Bestehende Ansätze zur Verwirklichung
Computer (nur noch) zur Vermeidung von Kriegen einsetzen	–
Computer langsam aussterben lassen – defekte Geräte werden einfach nicht mehr ersetzt	Im Iran vielleicht?
Verbot von Taschenrechnern in den ersten acht Schuljahren	–
Nur noch Computer, die hard- und softwaremäßig vom Bediener zu verstehen sind und von ihm seinem Arbeitsrhythmus selbst angepaßt werden können	Vielleicht: CNC-Werkzeugmaschinen mit Handeingabesteuerung
Einsatz der Mikrotechnik, um monotone und stupide Arbeiten zu automatisieren	Verschiedene Automaten; Einsatz auch, um verschiedene gesundheitsschädigende oder körperlich schwere Arbeiten dem Menschen abzunehmen
Abschaffung aller Datenbanken, die mehr als Name, Adresse und Telefonnummern speichern	–
Jeder trägt seine eigenen medizinischen Daten mit sich (eine Art Notfallausweis)	–

Die große Spannweite an Möglichkeiten und Aktivitätsansätzen, die sich in der Tafel widerspiegelte, konnten wir aus Zeitmangel nur oberflächlich betrachten. Was hinter einzelnen Punkten wirklich an Tragweite steckt, hätte erst dann richtig eingeschätzt werden können, wenn weitere Berichte und Materialien zur Vertiefung herangezogen worden wären.

Aus diesem Dilemma half eine Abstimmung. Die Mehrheit meinte, es müsse mit Aufklärung und Unterrichtung der Bürger über die Computerisierungsverfahren angefangen werden. In diesem Zusammenhang wären auch Aktionen realistisch und besonders notwendig, weil

- die Information heute fast ausschließlich von Firmen und Konzernen geliefert wird, die an einem möglichst hohen Absatz von Computern interessiert sind;
- Gefahren der Technologie verniedlicht oder erst gar nicht genannt, positive Aspekte hingegen überbetont werden;
- eine kompetente, kritische Information über Nutzeffekte und Gefahren der Computertechnologie die Voraussetzung dafür ist, daß Entscheidungen von allen Bevölkerungsgruppen gefällt werden, daß Verantwortung von allen getragen wird.

Wie eine breite, kritische und aufrüttelnde Unterrichtung der Bevölkerung aussehen könnte, zeigt folgende Liste mit Vorschlägen:

- Wanderausstellung – ähnlich vielleicht wie die berühmte Ausstellung ›Umdenken – Umschwenken‹.
- Informationsblätter verbreiten, die für jeden verständlich die Computertechnologie und ihre Folgen für das gesellschaftlich-menschliche Zusammenleben erklären.
- Diskussion gesellschaftlicher Implikationen der Computertechnologie ins Informatik-Studium integrieren, um dadurch gefährliche Entwicklungen erst gar nicht entstehen zu lassen.
- Aufklärungskampagne zum Datenschutz, um eine Mobilisierung, ein Datenbewußtsein beim Bürger zu erreichen.
- Um die Bevölkerung anzusprechen, sie auch wirklich zu erreichen, dürfen spielerische Elemente nicht fehlen.
- Informationsmöglichkeiten: Theaterstücke, Spielfilme, Fortsetzungsromane, Comic strips, Video-Filme in der Kneipe.

- Geheimgehaltene Informationen sollen veröffentlicht, an die Betroffenen weitergegeben werden.
- Durch gezielte Computer-Sabotage Öffentlichkeit herstellen.
- Projekt- bzw. praxisbezogene Diplomarbeiten in Zusammenarbeit mit den Betroffenen, z. B. Betriebsangehörigen.
- Auch gegen die Universitätsbürokratie Aufklärungsveranstaltungen und Arbeitsgruppen durchführen – vielleicht zusammen mit Gewerkschaftern und betroffenen Arbeitern und Angestellten.

Wegen der fortgeschrittenen Stunde – 21.00 Uhr – und weil noch ein gemeinsames Abschiedsessen geplant war, beendeten wir nach dieser Sammlung von Umsetzungsgedanken die Zukunftswerkstatt. Im Restaurant äußerten sich die Teilnehmer positiv zur Arbeit in der Werkstatt, in der sie sich wahrscheinlich deshalb so wohlgefühlt hätten, weil ihre Ansichten und Einwürfe nicht einfach, wie sonst üblich, in der Diskussion untergegangen, sondern in den gemeinsamen konstruktiven Arbeitsprozeß eingeflossen waren. Bemängelt wurde, daß die Aktionsperspektiven viel zu kurz gekommen seien; an diesem Punkt müßte weitergemacht, ein Vorhaben aufgegriffen und bis zu seiner Verwirklichung vorangetrieben werden.

Wie die Ergebnisse der Werkstatt trotzdem weiterwirkten, erfuhren wir einige Zeit später. Die Informatikstudenten, die teilgenommen hatten, richteten einen Arbeitskreis ›Gesellschaftliche Implikationen der Informatik‹ an der Universität Wien ein. In längeren Verhandlungen mit den Fachvertretern setzten sie schließlich halbjährliche Gastveranstaltungen durch. Ein kritisches Hinterfragen von Computereinsatz und -anwendungen wurde so ins Studium aufgenommen.

III.
Die Phasen der Werkstattarbeit

Überblick

Am Beispiel der Computerproblematik haben wir bereits einen Einblick in Werkstattvorbereitungen und -verlauf gegeben, ohne genauer auf organisatorische und methodische Fragen einzugehen. Auch wenn die Durchführung einer Zukunftswerkstatt so einfach wie möglich und ohne großen Aufwand geschehen soll, damit alle, die daran interessiert sind, sie erproben können, so ist es dennoch notwendig, die besondere Arbeitsweise, das ›systematische‹ Voranschreiten von Phase zu Phase gut zu kennen. Die eigentliche Werkstattarbeit spielt sich in drei aufeinanderfolgenden Phasen ab: der Beschwerde- und Kritikphase, der Phantasie- und Utopiephase sowie der Verwirklichungs- und Praxisphase, die in Vor- und Nachbereitungstätigkeiten eingebettet sind:

Werkstattphasen	*Überblick über Hauptaktivitäten*
Vorbereitungsphase	Themaankündigung; Werkstattort; Arbeitsmaterialien (Packpapierbogen, Klebeband und Filzstifte); Einführung in die Arbeitsweise.
Kritikphase	In der Gruppe Kritik am Thema äußern und in Stichworten auf die Papierbogen schreiben; aus der entstan-

Werkstattphasen	*Überblick über Hauptaktivitäten*
	denen Kritiksammlung das Wichtigste auswählen; Kritikthemenkreise oder -aussagen.
Phantasiephase	Im Brainstorming zum Kritikergebnis Lösungen, Vorschläge, Ideen auf den Papierbogen sammeln; in Phantasiethemenkreisen oder utopischem Entwurf präzisieren.
Verwirklichungsphase	Kritische Prüfung der Lösungen, Durchsetzungsmöglichkeiten abschätzen; Verwirklichungsschritte für eine Aktion oder ein Projekt angeben.
Nachbereitungsphase	Protokoll der Werkstatt; Ergebnisse verbreiten; Weiterarbeitsvorschlag; ein Projekt verwirklichen (permanente Werkstatt).

Wie die Schritte im einzelnen aussehen, welche Regeln zu beachten sind und worauf das gemeinsame ›Werken‹ abzielen sollte, beschreiben wir im folgenden für jede Phase.

Vorbereitungsphase

Das Umfeld beachten

Wer zu einer Werkstatt einlädt, sollte auch das gesamte dazugehörige Umfeld beachten; ärgern sich nämlich Teilnehmer über Kleinigkeiten, wirkt sich das auf die Stimmung in der Gesamtgruppe aus. Deshalb ist unter anderem dafür zu sorgen, daß

- Straßen- oder Hauslärm weder Arbeit noch Schlaf beeinträchtigen,
- die Räumlichkeiten großzügig bemessen sind – mit großen Wandflächen zum Aufhängen der Papierbogen,
- die Küche sowohl den Vollwertköstlern als auch den Normalessern etwas zu bieten hat, daneben Erfrischungsmöglichkeiten außerhalb der Küchenzeiten,
- ausreichend Bewegungsraum vorhanden ist – drinnen (Gruppenräume, Orte zum Sich-Zurückziehen) und draußen (Naturumgebung zum Abstandgewinnen),
- insgesamt eine freundlich-einladende Atmosphäre vorherrscht.

Diese Idealvorstellungen lassen sich nur selten erfüllen, aber sie sollten angestrebt und nicht einfach als nebensächlich abgetan werden. Es empfiehlt sich, die Teilnehmerinnen und Teilnehmer soweit wie möglich in die Vorbereitungen mit einzubeziehen. Bei einer festen Gruppe wird das sowohl den Inhalt – Thematik eingrenzen und abstimmen – als auch die Ankündigung umfassen. Personen, die erst das Interesse am Thema zusammenführt, können bei der Einladung bzw. Anmeldung nach besonderen Wünschen gefragt werden. Hilfreich, um den Gruppenprozeß in Gang zu bringen, sind eine Aufgabenstellung oder eine Frage für das gemeinsame Anfangen. Beispielsweise baten wir alle Teilnehmer einer Werkstatt zu ›Neuen Berufen‹, sie möchten irgend etwas von ihrer gegenwärtigen Tätigkeit mitbringen; oder bei der Thematik ›Auswirkungen der Telekommunikation‹ gestalteten wir zusammen mit den Anwesenden eine kleine Ausstellung am Eingang aus mitgebrachten Karikaturen, kurzen Artikeln und offiziellen Verlautbarungen zu diesem Bereich.

Nur wenige Materialien sind notwendig

Nachdrücklich ist zu betonen, daß der Einsatz von Hilfsmitteln in einem angemessenen Rahmen bleiben sollte. Eine Zukunftswerkstatt sollte mit möglichst wenig Aufwand auskommen: Je einfacher sie ist, desto eher läßt sie sich überall und zu jeder Zeit abhalten.

Was wird nun zur Durchführung einer Werkstatt im einzelnen benötigt?

1. Große **Papierbogen** zum Aufschreiben der Beiträge aus der Gruppe, z. B. Packpapier (zehn Rollen von der Breite eines Meters); es eignen sich auch Endrollen aus Zeitungsdruckereien, unbedruckte Plakatrückseiten, Tapetenrollen.
2. Überwiegend dick schreibende **Filzstifte** in vielen Farben sollten reichlich – mindestens pro Person ein Stift – vorhanden sein.
3. **Klebeband** (Tesakrepp), drei Rollen zum Aufhängen der Wandzeitungen, außerdem einige Klebestifte und Leimtuben zu Bastelzwecken.
4. **Scheren,** zwei große Scheren zum Papierschneiden und Basteln, u. U. auch einige kleine Scheren.
5. Verschieden große **Papierblätter,** besonders im DIN-A4-Format, mindestens 300 Blatt; die Blätter können einseitig beschrieben sein; auch einige Blätter im DIN-A3-Format können Kleingruppenarbeiten erleichtern.
6. Eventuell für die Bewertung der Einwände und Vorschläge **Klebepunkte.**

Je nach Thematik, Konzeption und verfügbarer Zeit können zusätzlich hilfreich sein:

- Stellwände (zum Aufhängen zusätzlicher Papierbogen), Schreibmaschine (zum Abtippen der Wandprotokolle), Ver-

vielfältigungsgerät (zum Vervielfältigen des Abgetippten, aber auch von Kleingruppenarbeiten), Kassettenrecorder (zum Mitschnitt von Gruppenpräsentationen, für die Kleingruppenarbeit), Fotoapparat (zur Dokumentation des Werkstattgeschehens),

- Hintergrundinformationen zum Thema in Form von Artikeln, Broschüren, Bildern, u. U. auch als Film.
- Wachsmalstifte, Schminkfarben, Knetgummi, Bilder aus Illustrierten, überhaupt Materialien zum Basteln und Werken.

Gruppengröße

Nach unseren Erfahrungen sollten an einer Zukunftswerkstatt nicht mehr als 15 bis 25 Personen teilnehmen. Nur ein solcher Umfang gewährleistet, daß einzelne sich offen artikulieren und entfalten. Bei höheren Teilnehmerzahlen sollte in Parallelgruppen dasselbe Thema behandelt werden; das Vergleichen der Ergebnisse ist oft sehr anregend.

Gruppengrößen unter zehn Personen eignen sich nur dann, wenn die einzelnen stark motiviert und gut mit der anstehenden Fragestellung vertraut sind. Sonst kann die gegenseitige Befruchtung zu dürftig ausfallen, die Gruppe auf der Stelle treten und zu geringe Impulse für einen Aufbruch hervorbringen.

Moderation

Zwar wollen wir mit einem Minimum an Autorität auskommen, doch ganz ohne Anleitung und damit ohne Moderatoren oder Leiter geht es leider nicht. Zum Gelingen der Werkstatt ist es notwendig, daß eine Person oder eine Gruppe durch die Phasen führt, auf die Einhaltung der einzelnen Schritte achtet und die Teilnehmer behutsam immer wieder zu neuen Versuchen anspornt. Der Leiter sollte mit den einzelnen Phasen gut vertraut sein, möglichst schon eine Zukunftswerkstatt mitgemacht haben und seine Funktion mehr als ein Anregen und Anstoßen verstehen.

Anfangen

Von Beginn an ist darauf zu achten, daß in der Werkstatt eine spannungsfreie Atmosphäre entsteht, indem wir beispielsweise zusammen mit den Teilnehmern den Raum herrichten, gemeinsam die Papierbogen an die Wände hängen, Tische und Stühle im Halbkreis anordnen, uns um Getränke und ähnliches kümmern. Dabei kommt es fast von selbst zu Gesprächen, und es wird nicht lange dauern, bis wir angeregt miteinander diskutieren.

Als vorteilhaft hat es sich erwiesen, diese ›Plauderei‹ einfach laufen zu lassen, und zwar 10 bis 15 Minuten über die festgesetzte Anfangszeit hinaus. Damit wird zweierlei erreicht: Teilnehmer, die sich verspäten, stören die Gruppenarbeit nicht und eine lockere Atmosphäre entsteht.

Ein sehr gutes Werkstattklima entstand beispielsweise dadurch, daß bis auf den weißgetünchten Raum nichts vorhanden war. Wir waren gezwungen, uns selbst um die notwendigen Requisiten und Materialien zu kümmern. Eine Gruppe machte sich auf die Suche nach Packpapier, Filzstiften und Tesakrepp, eine andere besorgte etwas Proviant. Die Zurückgebliebenen organisierten Sitzgelegenheiten und versuchten den Raum ein wenig freundlicher zu gestalten. Die Werkstatt verlief harmonisch und wurde ein Erfolg, weil durch die Selbstorganisation gleich zu Anfang Gemeinsamkeiten entdeckt worden waren, die während des gesamten Wochenendes trugen. Denkt man diese Erfahrungen weiter, so könnte auch mit Selbstverpflegung, gemeinsamem Kochen und Wohnen experimentiert werden.

Kennenlernen

Die Anfangsplauderei schließt am besten damit ab, daß man sich miteinander bekannt macht, wobei die Entscheidung darüber, ob sich die Gruppenmitglieder einander vorstellen, ihnen überlassen bleibt. Meist wird gewünscht, daß jeder angibt, auf welchem Arbeitsgebiet er tätig ist und was ihn besonders an der Zukunftswerkstatt reizt. Derartige Selbstdarstellungen vermitteln einen Eindruck von der Interessenspannweite in der Gruppe.

Als vorteilhaft für den Werkstattverlauf haben sich auch solche Formen des Kennenlernens erwiesen, bei denen erstes thematisches Arbeiten mit dem Sich-Bekanntmachen verbunden wird. Beispielsweise wurden in einer Werkstatt über eine geplante Müllverbrennungsanlage Dreiergruppen gebildet, die Vor- und Nachteile der Müllverbrennung zusammenzutragen hatten. Das Sammeln war mit der Aufgabe verknüpft, sich dabei gegenseitig ein wenig zu ›beschnuppern‹ im Hinblick auf die Motivation für die Teilnahme und den beruflichen Hintergrund. Während der Präsentation der Ergebnisse stellte dann eine Person aus diesen Kleingruppen die anderen Mitglieder kurz vor. Natürlich können ebenso Kennenlernspiele zum Auflockern benutzt werden, doch sollten sie nicht aufgezwungen wirken, sondern sich einfügen in Anliegen und Interessenlage der Gruppe. Bei allen Kennenlernmöglichkeiten ist zu bedenken, daß anfangs nur ein Gesamteindruck von der Gesamtgruppe und einigen wenigen Personen entsteht, daß letztlich erst das ›Zusammenwirken‹ jeden einzelnen lebendig werden läßt.

Einführung in den Werkstattgedanken

Nach einer Anlaufzeit von ungefähr 30 Minuten kommen wir auf die Arbeit in der Zukunftswerkstatt zu sprechen und erläutern kurz ihre Geschichte, die Vorgehensweise und das Ziel. Dann werden die einzelnen Phasen beschrieben und auf einem Papierbogen für alle gut sichtbar aufgeschrieben. Damit haben die Teilnehmer ständig den Ablauf der Werkstatt vor Augen.

Beispiel, wie sich die Einführung in den Werkstattgedanken anhören könnte:

Was will und was ist eine Zukunftswerkstatt? Dem sogenannten ›mündigen‹ Bürger wird praktisch ein direktes Mitspracherecht vorenthalten. Unser Leben, unsere Arbeit, Umwelt und Zukunft werden von Politikern, Industriellen und Experten entworfen und festgelegt. Um diesen undemokratischen Zustand umzukehren und zu zeigen, daß es auch anders geht, haben Robert Jungk und seine Mitarbeiter seit gut 20 Jahren die Methode der Zukunftswerkstatt entwickelt und erprobt. Dabei wird davon ausgegangen, daß die ungehörte Masse der Bevölkerung sehr wohl etwas zur Ausgestaltung ihrer Wohnviertel und Städte, ihrer Arbeitsplätze und Industriegebiete, ihrer Energieversorgung und Bedürfnisse zu sagen hat. Man muß sie nur auf ihre Erfahrungen und Bedürfnisse ansprechen, dann öffnet sich ein riesiges Reservoir an Ideen und Vorschlägen, ein Schatz an Einfallsreichtum, der es durchaus mit den Gutachten der Experten aufnehmen kann. In den Zukunftswerkstätten soll dieser Schatz gehoben werden.

Das Arbeiten nach der Methode der Zukunftswerkstatt zielt also auf eine Demokratisierung der Zukunft – in dem Sinne, daß Zukunft alle angeht. So gesehen ist die Zukunftswerkstatt ein Baustein für mehr Mitsprache und Mitbestimmung. Eingeübt wird einfallsreiches Mitdenken und Mitplanen. Dadurch daß sich jeder Beteiligte offen und ungeschminkt einbringen und engagieren kann, erlaubt die Werkstattmethode, Kritik ehrlich auszusprechen und zu analysieren, Phantasie und ungeahnte Kreativität auszugraben sowie neue Wege für erfolgversprechendes Handeln zu erkennen.

Das ungezwungene Zusammenkommen, die leichtverständliche Arbeitsform und der geringe Aufwand ermöglichen es Betroffenen und Interessierten, in ihrer Sprache Meinungen, Ideen und Lösungen vorzutragen und damit Gehör zu finden. Alle Äußerungen werden ständig für alle sichtbar in Form von Wandzeitungen protokolliert.

Man kann die Zukunftswerkstatt als eine Art soziales Versuchslabor bezeichnen, in dem alternative Zukünfte von engagierten Bürgern entworfen und durchdacht werden.

Der Weg zu Erfindungen und Verwirklichungsansätzen führt über drei Phasen:

1. *In der* ***Beschwerde- und Kritikphase*** *wird das anstehende Problem so vielfältig wie möglich durch stichwortartige Einwürfe beschrieben.*
2. *Nachdem das Problem eingekreist und definiert ist, wird in der* ***Phantasie- und Utopiephase*** *versucht, es positiv zu wenden und ohne Vorbehalte und Beschränkungen zu lösen.*
3. *Die so gefundenen phantasievollen Lösungen oder Entwürfe werden in der* ***Verwirklichungs- und Praxisphase*** *auf Durchsetzungschancen hin geprüft, und nach Möglichkeit werden erste praktische Schritte eingeleitet.*

Hervorzuheben ist noch, daß in der Gesamtgruppe keine umständlichen Diskussionen stattfinden. Wir werden uns über Stichworte und deren beispielhafte Erläuterung miteinander verständigen. Weiterhin werden wir uns auf uns gegenwärtig besonders Interessierendes, auf das Wesentliche beschränken müssen. Das geschieht durch von allen getragene Auswahlverfahren. Und das bedeutet, die Gruppe bestimmt die Richtung des Vorgehens.

Nach dem kleinen Einblick in das Vorgehen bei der Zukunftswerkstatt noch ein paar Bemerkungen zu Ergebnissen. Abge-

sehen davon, daß fast jede Werkstatt für die Teilnehmer zu einem persönlichen Erlebnis wurde, sind auch eine Reihe Initiativen aus ihr hervorgegangen. So wurden phantasievolle Widerstandsformen gegen die Wegsanierung eines Arbeiterviertels entwickelt, Volkshochschul- und Universitätskurse zur Förderung von Zivilcourage abgehalten, Aufklärungskampagnen geplant und durchgeführt, Arbeitsvorgänge abwechslungsreicher gestaltet, die Idee des ›Netzwerk Selbsthilfe‹ geboren ...

Für unsere gemeinsame Zukunftswerkstatt wünsche ich mir, daß wir nicht über dem ›Werken‹, über dem Vortragen und Debattieren das Lachen und den Spaß vergessen. Besonders für die Phantasiephase wird es wichtig, daß wir uns aus den engen Bahnen unseres Denkens befreien und auch zum Spinnen und Träumen Mut finden.

Was meine Rolle angeht, so werde ich die Zukunftswerkstatt anleiten, d. h. in die Phasen hineinführen, Fragen stellen, aufmuntern und anstoßen, mit Ihrer Hilfe auf den Papierbogen protokollieren, auf das Einhalten der Spielregeln achten. Darüber hinaus möchte ich mich, soweit es geht, auch als Gruppenmitglied betrachten, ohne mich selbst inhaltlich maßgeblich zu beteiligen.

Mir bleibt nur, allen Teilnehmern ein spannendes und ertragreiches ›Miteinanderwerken‹ zu wünschen. Damit das gelingt, lassen Sie sich freimütig auf diese besondere Arbeitsweise ein, ohne ständig nach Sinn und Zweck zu fragen; dafür wird am Schluß genug Raum sein.

Zeitplanung

Im Anschluß an die Einführung ist es zweckmäßig, gemeinsam einen Zeitplan aufzustellen, in dem jeder Phase eine entsprechende Stundenzahl zugemessen wird. Ein solcher ›Stundenplan‹ gilt als Orientierung, hat vorläufigen Charakter und kann von der Gruppe je nach Entwicklung der Arbeit abgeändert oder sogar umgestoßen werden.

Am häufigsten kommt die **Tageswerkstatt** vor, bei der wir am Morgen zwei Stunden auf Kritiksammlung und -auswahl verwenden, am frühen Nachmittag mindestens zwei Stunden für die Phantasiephase brauchen, um uns dann gegen Abend Gedanken über erste Verwirklichungsschritte zu machen. Dieser Werkstatt-Typ erfordert wegen der sehr beschränkten Zeit Disziplin und Konzentration.

Bei der **verkürzten Wochenendwerkstatt** sieht die Zeiteinteilung folgendermaßen aus: Samstagvormittag ›Kritik‹, am Nachmittag ›Phantasie‹, dann am Abend – vielleicht nach gemeinsamem Essen – Vorstellung der Phantasieergebnisse und am Sonntagvormittag ›Verwirklichung‹.

Die **normale Wochenendwerkstatt** beginnt am Freitagabend, möglichst mit einem gemeinsamen Abendessen, wodurch auch ein erstes Kennenlernen gefördert wird. Darauf folgt ein Herantasten an die Thematik, so daß am Samstagvormittag die ›Kritik‹ zügig zusammengetragen und bald zur Phantasiephase übergeleitet werden kann; Nachmittag und Abend stehen im Zeichen ausgiebigen Phantasierens; der Sonntagvormittag dient auf jeden Fall der Verwirklichung.

Typischer Zeitplan einer Wochenendwerkstatt:

Zukunftswerkstatt

›Kinderfreundliches Bonn‹

Einstimmung	–	Freitag	19.30–21 Uhr
Kritikphase	–	Samstag	9–12 Uhr
Phantasiephase			14–19 Uhr
Verwirklichungsphase	–	Sonntag	9–12 Uhr
Nachbesprechung			14–15 Uhr

Die ideale Werkstattzeit sind drei Tage. Bei der **Drei-Tage-Werkstatt** steht für jede Phase ein Tag zur Verfügung. Denn um ungezwungen und gelöst phantasieren zu können, muß man sich aus den Zwängen des Alltags befreien. Das notwendige Abstandgewinnen wird durch eine längere Werkstattdauer gefördert.

Die **Fünf-Tage-Werkstatt** (Bildungsurlaub) erlaubt, mit einer Informationsphase anzufangen – z. B. mit Besichtigungen, Vorträgen, Filmen usw. Nachdem dann an den drei folgenden Tagen werkstattgemäß gearbeitet wurde, bietet sich der letzte Tag für Vertiefungen und Verfeinerungen der entstandenen Projektumrisse an.

Zum Einstieg in eine Diskussion benutzen wir die **Ein-Stunden-Werkstatt.** Durch das Zusammenpressen der Phasen auf eine Stunde kam z. B. bei einer Gewerkschaftsversammlung eine ideenreiche Aussprache zustande.

Spontane Themafindung

Es kann vorkommen, daß sich während eines Kongresses, einer Tagung oder einer Bildungsveranstaltung Gruppen bilden, die die Methode der Zukunftswerkstatt anwenden wollen, weil sie auf die übliche Weise nicht weiterkommen. Die Gruppenmitglieder müssen sich in diesem Fall darüber verständigen, welches Problem für die meisten von ihnen zum Arbeitsgegenstand werden soll. Damit möglichst schnell ein gemeinsames Thema gefunden wird, ist es zweckmäßig, Kleingruppen – z. B. Dreiergruppen – zu bilden, die innerhalb von 15 Minuten jeweils einen Themenvorschlag formulieren und ihn der Gesamtgruppe unterbreiten. Danach wird durch Abstimmung das Gruppenthema ermittelt.

Raumaufteilung

Das Vorbereiten des Raumes verdient unsere besondere Aufmerksamkeit, denn gewohnte Sitzordnungen, hintereinander oder um einen großen Tisch herum, würden die Werkstattarbeit bremsen. Deshalb sollte der Raum so umgestaltet werden, daß jeder Teilnehmer, wann immer er will, an die Wandflächen gehen kann, um etwas aufzuzeichnen oder anzuschreiben. Die halbkreisförmige Sitzordnung hat sich dabei bislang als die beste Gruppierung erwiesen. Wenn keine Stellwände vorhanden sind, dann lassen sich meist die Zimmerwände nutzen; in Unterrichtsräumen sollten die Tafeln miteinbezogen werden; im Freien können die Protokollbogen an Baumstämmen aufgehängt werden. Für Kleingruppenarbeit bieten sich die Zimmerecken an. Bei nicht zu großen Werkstattgruppen (zehn bis 15 Mitglieder) haben wir schon erfolgreich mit Papierbogen auf dem Fußboden gearbeitet, wobei wir uns dann natürlich drumherum setzten, manchmal auch direkt auf den Fußboden.

Wie eine Sitzordnung aussehen könnte, zeigt der Entwurf der Metaplan-Gruppe aus Quickborn bei Hamburg:

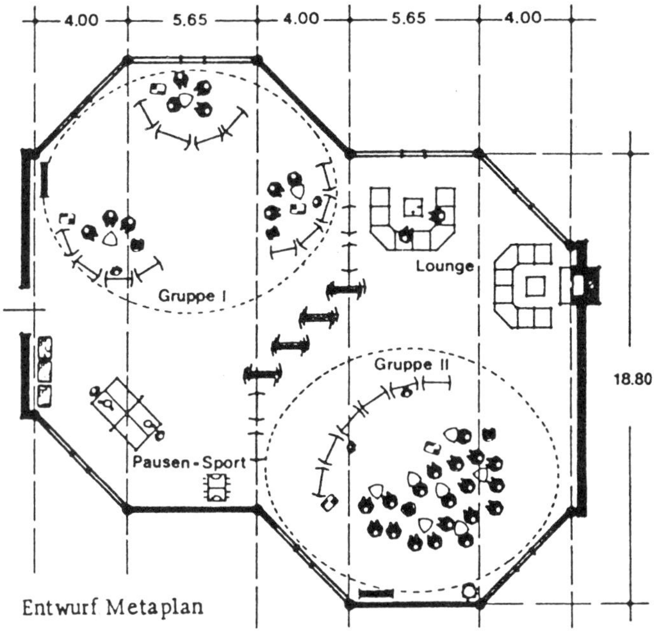

Denkwerkstatt mit Visualisierungsmöglichkeit:
- keine festen Einbauten;
- helle, blendfreie Leuchten;
- schallschluckende Teppiche und Decken;
- leichte Kunststofftische und Rollensessel;
- Steckwände als Visualisierungshilfe.

Diese technischen Voraussetzungen erlauben den Wechsel von Plenum- und Kleingruppenarbeit. Im Idealfall sollte eine Denkwerkstatt auch den reibungslosen Wechsel von Arbeit (Spannung) und Erholung (Entspannung) ermöglichen.

Eine gelungene Raumaufteilung fand das Österreichische Fernsehen für die Fohnsdorfer Zukunftswerkstatt über das Thema ›Anders arbeiten‹. Die gegenüberliegenden Ecken des Raumes wurden durch Holzrampen verbunden; so erhielt man vier Arbeitsbereiche. Der Teilraum im Vordergrund, wo sich alle versammeln konnten, war entsprechend größer angelegt und mit Stufen versehen. An den Wänden hingen die leeren Papierbogen zum Protokollieren der Beiträge. Damit sich die Gruppen bei der Arbeit nicht störten, waren die Rampen mit Pflanzen dekoriert.

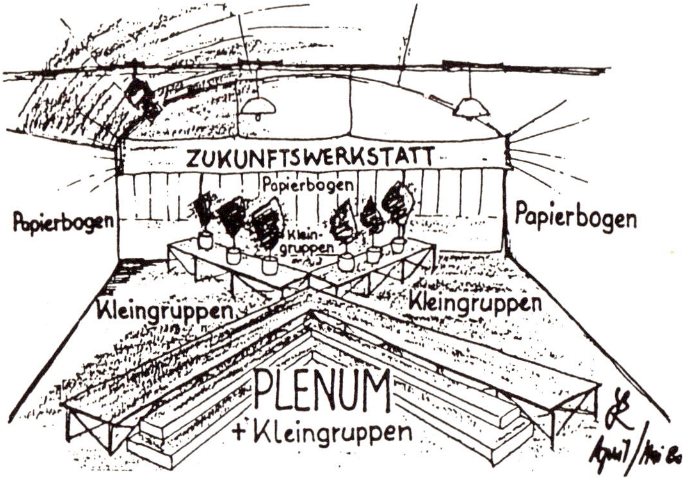

Zusammenfassung – Vorbereitungsphase

Voraussetzungen:

- Je nach Zweck, die Werkstatt informell oder öffentlich bekanntmachen – z. B. durch Rundbriefe oder Flugblätter, in Zeitungen oder Rundfunksendungen.
- Ansprechende, freundliche Versammlungsorte auswählen – mit Möglichkeiten zur Erholung, zum Ausruhen, Spielen, Essen und Trinken.

- Arbeitsmaterialien: Wandzeitungen (große Packpapierbogen), Klebeband, Filzstifte, Scheren, verschiedengroße Papierblätter; zusätzlich hilfreich können sein: Stellwände, Materialien zum Basteln, Schreibmaschine, Vervielfältigungsgerät, Kassettenrecorder und Fotoapparat.
- Hintergrundinformationen zum Thema, z. B. Vortrag, Artikel, Bilder, Filme.

Vorbereitendes

- Falls möglich, sollte das gesamte Umfeld (Räume, Tagungshaus, Lage und Umgebung) bekannt sein, damit es keine Überraschungen beim Zusammenkommen gibt.
- Besonders zu beachten: Ruhige Lage, Räume mit nutzbaren Wandflächen, gute Verpflegung und Unterkunft, Freizeitangebote (Sauna, Ballspielmöglichkeiten, Spazierwege).
- Bei Gruppenmitgliedern, die sich kennen, ist es selbstverständlich, sie sowohl an der Festlegung von Inhalt und Thematik als auch an der Ankündigung zu beteiligen.
- Wenn sich die Teilnehmenden zuvor nicht kennen, können sie mit der Anmeldebestätigung durch eine Aufgabenstellung mit in das anfängliche Gestalten einbezogen werden.

Anfangen

- Den Raum gemeinsam herrichten, z. B. Papierbogen aufhängen bzw. ausrollen, Tische an die Wand rücken, Stühle im Kreis oder Halbkreis anordnen.
- Einige Raumnutzungsmöglichkeiten:

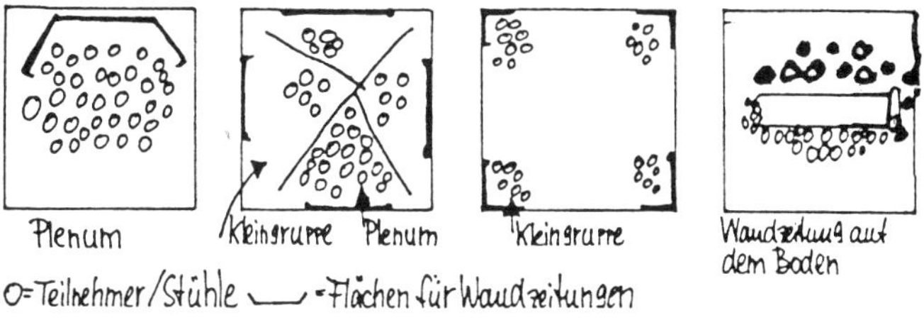

Kennenlernen – Gruppengröße

- Aufeinander zugehen und ins Gespräch kommen.
- Sich einander vorstellen, um einen Eindruck von der vertretenen Interessenvielfalt zu erhalten.
- Etwas zum Thema Mitgebrachtes der Gesamtgruppe vorstellen oder in Kleingruppenarbeit einbringen.
- Plenumsgruppe nicht größer als 15 bis 25 Personen; bei höherer Teilnehmerzahl in Parallelgruppen arbeiten.

Einstimmung

- In den Zukunftswerkstattgedanken einführen:
  a) Geschichte (Experimente seit gut 20 Jahren);
  b) Vorgehensweise und Arbeitsstil (in Plenums- und Kleingruppen das Problem definieren, wünschenswerte Lösungen erfinden und die Erfindungen auf Verwirklichungschancen hin abklopfen).
  c) Ziele (die sonst Sprachlosen zum Sprechen bringen und aus ihrer Passivität locken – mit massenhaft geweckter sozialer Phantasie wider die Beharrungskräfte in Parteien, Gewerkschaften, Betrieben, Bürokratien).
  d) Einige Werkstattergebnisse aus verschiedenen Bereichen als Beispiele für das Vorgehen in drei Phasen anführen.
- Zum Thema überleiten und das Anliegen kurz umreißen.

Zeitplanung

- ›Stundenplan‹ zusammen mit den Teilnehmern aufstellen, genügend Pausen einplanen.
- Grobes Zeitraster für verschieden lange Werkstätten:
  a) Fünf-Tage-Werkstatt – Bildungsurlaub (der erste Tag für Informationsvermittlung, dann je einen Tag eine Phase, am letzten Tag Vertiefungen des Entstandenen);
  b) Drei-Tage-Werkstatt (für jeden Tag eine Phase);
  c) Wochenendwerkstatt (›Kritik‹ am Freitagabend – ›Phantasie‹ am Samstag mit Rückkopplungsversuchen

zur Wirklichkeit am Abend – ›Verwirklichung‹ am Sonntagmorgen und frühen Mittag);

d) Verkürzte Wochenendwerkstatt (›Kritik‹ am Samstagvormittag bis in den Nachmittag hinein – ›Phantasie‹ am Samstagabend – ›Verwirklichung‹ am Sonntagvormittag);

e) Tageswerkstatt (›Kritik‹ zwei Stunden am Morgen, ›Phantasie‹ zwei bis drei Stunden am frühen Nachmittag und ›Verwirklichung‹ zwei Stunden zum Abend hin);

f) Kurzwerkstatt zur Diskussionsankurbelung (Dauer: ca. eine Stunde, für jede Phase 15 Minuten ansetzen).

Spezialfall: Spontane Themafindung

- Durch Zuruf die Themeninteressen der Teilnehmer auf einer Wandzeitung zusammentragen (zehn Minuten).
- Zum Verständnis kurz die Einzelpunkte erläutern, u. U. sich überschneidende Nennungen zusammenfassen (20 Minuten).
- Durch Abstimmung wird das bevorzugte Werkstatt-Thema gefunden, z. B. durch Punktvergabe, indem jeder fünf Punkte auf die ihn besonders interessierenden Themen verteilen kann.

Beschwerde- und Kritikphase

Beschwerden auspacken und vergleichen

Der Moderator könnte diese erste Phase der Werkstattarbeit etwa mit folgenden Worten einleiten:

»Endlich, endlich werdet ihr jetzt Gelegenheit haben, euren seit langem aufgestauten Ärger, eure vielen Einwände, eure berechtigten Beschwerden öffentlich zu äußern. Es genügt dazu meist schon ein einziges Wort. Ausführlichere Begründungen sind nicht unbedingt notwendig. Ihr seid nun mit eurer Kritik nicht mehr alleine, sondern werdet dabei von den anderen Teilnehmern gehört und unterstützt. Diese Vorgehensweise ähnelt der des Psychoanalytikers, der sich erst möglichst alle Bedrängnisse seines Klienten mitteilen läßt, ehe dafür Antworten gesucht werden. Solches radikales ›Kropfleeren‹, wie es die Schweizer nennen, geschieht hier gemeinsam und wirkt dadurch gemeinschaftsbildend. Euer Zorn ist nicht Selbstzweck. Er wird produktiver Antrieb sein.«

Moderation in der Kritikphase

Aufgabe der Moderatorin oder des Moderators ist es, das Kritikfeuer anzufachen, durch immer neue Fragen die Beteiligten aus der Reserve zu locken und sich auch nicht vor präzisierenden Nachfragen zu scheuen. Angenommen die Stichworte bleiben zu abstrakt und beliebig – trotz mehrfacher Ermunterungen, sich von den Allgemeinplätzen zu lösen – dann sollten einige dieser Nennungen herausgegriffen, erklärt und vertieft werden. Steht beispielsweise auf dem Papierbogen ›Hierarchie‹, so hakt der Moderator nach: »Was ist die Kritik an der Hierarchie besonders bezogen auf unser Thema?« Oder beim Wort ›Umweltverschmutzung‹: »Wie äußert sich Umweltverschmutzung konkret? Was gibt's da für Beschwerden vor Ort?«

Beim Zusammentragen der Befürchtungen und Ängste, Kritiken und Beschwerden zählt die Gruppenanstrengung, das Sich-Anregen-Lassen von den Äußerungen der anderen: Kritik löst sich von der Person, wird Allgemeingut der Gruppe. In diesem Prozeß liegt das Augenmerk des Moderators darauf, daß die Regeln eingehalten werden:

1. **Diskussionsverzicht** zugunsten des Kritikflusses – Diskussionsbegierige auf spätere Verständigungsdiskussion und Gruppenarbeit vertrösten.
2. **Kritik nur in Stichworten** – keine längeren Sätze, keine Rede- und Erklärungsbeiträge, sich kurz fassen.
3. **Themenbezug** stets wahren – bei Abschweifungen an die Ausgangsfragestellung erinnern, an das Anliegen der Zusammenkunft.
4. **Visualisierung** aller Äußerungen – Gesagtes auf Papierbogen groß und weithin lesbar schreiben oder durch die Teilnehmer schreiben lassen.

Am besten werden Ziele und Regeln dieser Phase unmittelbar vor Beginn der Kritiksammlung erläutert, um dann erneut bei Abweichungen darauf zu verweisen und um so nochmals die Bedeutung ihres Einhaltens für den Fortgang des Werkens zu erklären. In diesem Stadium, dem stichwortartigen Anhäufen von Kritik, darf der Moderator die Zügel nicht aus der Hand geben. Er muß verdeutlichen, daß im Interesse des dynamischen Ablaufs jede weiterführende Diskussion jetzt stört. Wenn notwendig, soll er unmißverständlich das Einhalten der Spielregeln verlangen: Denn Zukunftswerkstätten sind keine der üblichen Streit- und Diskussionsformen.

Kritiksammlung

Gleich zu Beginn schreiben wir die Worte BESCHWERDEN und KRITIK groß auf unser Wandpapier und fordern durch provozierende Fragen Äußerungen heraus. So kann der Moderator beispielsweise fragen:

– *Was stört Sie?*
– *Was mißfällt Ihnen?*
– *Was haben Sie zu kritisieren?*

– *Fassen Sie sich kurz, bitte keine Monologe, sondern Stichworte!*

Niemand sollte länger als 30 Sekunden reden, denn wir wollen alle Aussagen auf den Papierbogen an der Wand protokollieren. Wer will, kann seine Kritiken auch selbst in deutlich lesbarer Schrift anschreiben oder dazu auch einfach Schreibmaschinenpapier benutzen, das dann angeheftet wird.

Zuerst werden die Beiträge zögernd und stotternd kommen. Dadurch sollten wir uns nicht beunruhigen lassen, sondern abwarten; denn alles Gesagte und Angeschriebene regt an, ruft bei den Werkstättlern neue Einwände und Kritiken hervor. Es wird nicht lange dauern, und die Nennungen häufen sich so sehr, daß ein Teilnehmer gebeten werden muß, beim Protokollieren mitzuhelfen.

Meist genügt eine halbe Stunde, und die Wandpapiere sind

mit einer Fülle kritischer Aussagen und Einschätzungen bedeckt. Entweder setzt man vorher für die Kritiksammlung einen bestimmten Zeitraum (erfahrungsgemäß genügen 30 bis 45 Minuten) fest, oder man läßt ihr freien Lauf und hört erst auf, wenn die Teilnehmer das Abebben des Wortschwalls bemerken oder sich Wiederholungen häufen.

Betrachtet man aufmerksam die Stichwortprotokolle, kann man leicht Zusammenhänge zwischen einzelnen Einwänden und Klagen herstellen. So wird z. B. ›Vereinsamung‹ heute überraschenderweise mit ›Mobilität‹ zusammen gesehen, die nicht nur zusammenführt, sondern bei erzwungenem Arbeitsplatzwechsel auch trennt. Bei einer Zukunftswerkstatt über Schulfragen stellte sich heraus, daß die oft beklagte Überforderung der Kinder durch den Lehrstoff zugleich eine Unterforderung ihrer eigenen Denkfähigkeiten nach sich zieht. Daß erst durch solche Sammlungen verschiedene Ärgernisse, Belästigungen und Störungen, die der Alltag mit sich bringt, miteinander verbunden und aufeinander bezogen werden, beweist einmal mehr, wie sehr die Phantasie brachliegt.

Diskussionsverzicht

Während Kritikpunkte gesammelt werden, sind alle Grundsatzdiskussionen zu vermeiden. Müssen solche Diskussionen unterbunden werden, dann mit dem Hinweis, daß anschließend Zeit für eine Auseinandersetzung vorhanden ist, daß jedoch jetzt der Fluß der Beschwerdeerfassung unterbrochen würde, dessen Vorteil gerade darin besteht, von den Äußerungen der anderen zu eigener Kritik angeregt zu werden. Außerdem ist in diesem Zusammenhang darzulegen, daß gerade ein zeitweiliger Diskussionsverzicht in der Großgruppe nicht nur einigen, sondern allen Teilnehmerinnen und Teilnehmern hilft, sich mit ihrem Unmut, ihren negativen Erfahrungen, ihren Befürchtungen einzubringen. Die Redegewandten müssen sich kurz fassen, wodurch die sonst Zurückgedrängten Raum und Mut für das Äußern ihrer Meinung erhalten.

Die Zeichnung ist zwar ursprünglich auf Konferenzen gemünzt, zeigt aber typische Verhaltensweisen, die auch dem Moderator einer Zukunftswerkstatt zu schaffen machen können.

Kritikverarbeitung

Um mit den vielen Nennungen auf den Wandprotokollen weiterarbeiten zu können, müssen wir die Kritikpunkte, Beschwerden, Proteste und Unmutsäußerungen in irgendeiner Weise sichten, zusammenfassen, auswählen, ordnen. Dazu möchten wir zwei Methoden beschreiben: die Punktvergabe und die Rubrizierung.

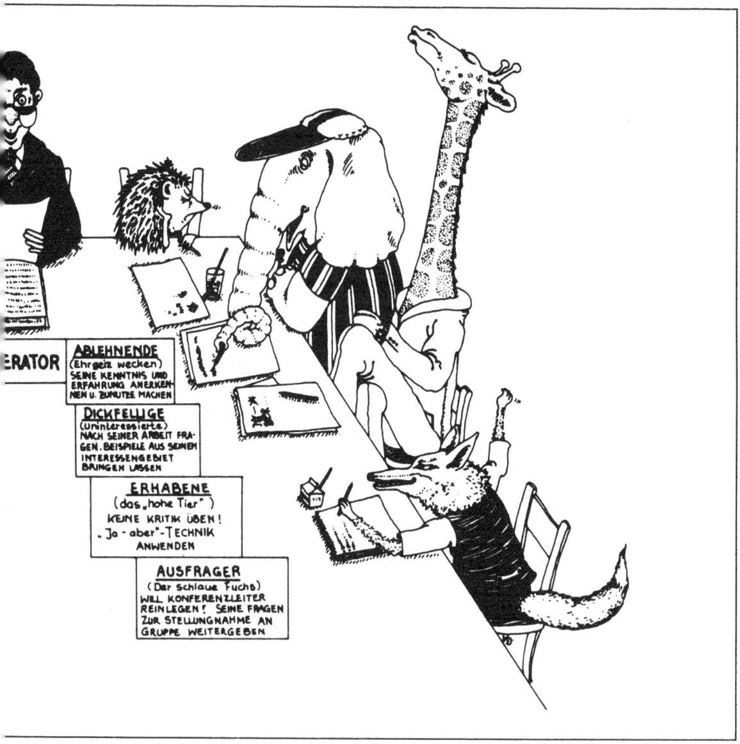

1. Kritikauswahl durch Punktvergabe

Die ›Werkstättler‹ werden bei diesem Vorgehen aufgefordert, durch Punktvergabe die Nennungen hervorzuheben, die ihnen persönlich am Herzen liegen und die sie beim Fortgang der Werkstatt nicht missen möchten. Falls es die Zeit erlaubt, kann zuvor das Aufgeschriebene gemeinsam kurz durchgegangen und erläutert werden, damit jeder ungefähr weiß, was sich hinter den Stichworten verbirgt. Ansonsten wird vom eigenen Verständnis und Interpretationsvermögen ausgegangen.

Die Punkte, die vergeben werden können, werden vom Leiter festgelegt; sie sollten zwischen drei und sieben liegen. Je weniger Punkte vergeben werden können, desto geringer wird die Streuung sein. Jeder soll seine Punkte auf die Kritiken verteilen – und nicht auf eine einzige Nennung, da sonst einige wenige ihr Thema gegen alle anderen durchsetzen können. Die Punktvergabe geschieht mit Hilfe von Klebepunkten oder einfach durch Striche.

Diese Bewertung kann offen oder verdeckt vor sich gehen. Bei der ›offenen Wahl‹ malt jeder seine Striche direkt hinter die Nennung, die ihm am wichtigsten ist; dabei kann ein sogenannter Nachzieheffekt auftreten, das heißt, Häufungen entstehen vor allem dort, wo sich bereits Striche befinden. Ausschalten läßt sich dieses Mitläuferphänomen durch die ›verdeckte Wahl‹, bei der jeder seine Favoriten mit entsprechender Punktzahl auf einen Zettel schreibt.

Bewertungsbeispiel:
Wie die Bewertung aussehen kann, zeigt folgende Kritiksammlung, die während einer Zukunftswerkstatt zu Wohnviertelproblemen entstand. Die mehr als dreißig Teilnehmer konnten jeweils drei Punkte vergeben.

KRITIKSAMMLUNG – 'Wohnviertelbelästigungen' und Bewertung

Unproportionalität
Blechlawine, zu viele Autos (14)
Tummelplatz für Bauten
Kein Licht, keine Farben (6)
zuviel Reklame
Zerrissenheit (4)
Eierkistenarchitektur (2)
zuviele Zänne
gefährdete Fußgänger (8)
Enge und Beklemmung (4)
Hundeparadies
Abends toter Ort
fehlende Symbole
ungemütliche Plätze (7)
Vierteilung durch Straßenkreuz (2)
brutale Fassaden
kein Platz für Kinder (7)
auffällige Verkehrszeichen

Kitsch und Nostalgie
homogene Masse
vertrocknetes Grän (5)
häßliche Normpapierkörbe
zu wenig Kontaktmöglichkeiten (3)
betonierter Grund und Boden
Blechsalat (6)
Lieblose Fassaden (1)
Betonkälte
Baulärm (6)
nicht angenommene Kunst
Peitschenlampen
Bürokratielandschaft
ungepflegte Altbauten (4)
vergammeltes Grün (2)
große Parkflächen (5)

Phasenergebnis: Kritikauswahl

Steht wenig Zeit zur Verfügung, vielleicht nur ein knapper Tag oder noch weniger, dann nehmen wir die Stichworte mit den meisten Punkten als Grundlage für die Weiterarbeit in der Phantasiephase.

Es sind:

14 Punkte – Blechlawine, zu viele Autos
8 Punkte – gefährdete Fußgänger
7 Punkte – ungemütliche Plätze
7 Punkte – kein Platz für Kinder

Damit die Gesamtgruppe weiß, was sich hinter den Begriffen verbirgt, kann noch eine *Verständnisdiskussion* folgen, d. h., es werden Beispiele zu den ausgewählten Nennungen zusammengetragen, ohne jedoch weitschweifig darüber zu reden.

So wird beispielsweise ›Blechlawine, zu viele Autos‹ erklärt durch ›ständig verstopfte Hauptstraße‹, ›keine Parkplätze‹, ›Fußgänger und Kinder als Freiwild‹. Oder ›gefährdete Fußgänger‹ werden bestimmt durch ›zu kurze Ampelphasen‹, ›Kopfschmerzen durch Lärm und Abgase‹.

2. Kritikthemenkreise

Bei genügend zeitlichem Spielraum – bei einer Wochenendwerkstatt beispielsweise – bleiben wir nicht bei der ›Kritikauswahl‹ stehen, sondern gehen nacheinander die ausgewählten Beschwerden von den höchst- zu den niedrigstbewerteten durch und ordnen sie, wenn möglich nach *übergreifenden Gesichtspunkten,* oder machen die Stichworte mit den höchsten Punktzahlen zu Überschriften der Themenkreise, denen dann die anderen Nennungen zugeordnet werden. Durch diese Zusammensicht tritt das Gruppeninteresse deutlich hervor.

Dabei würden wir fragen:

»Der Punkt ›Blechlawine, zu viele Autos‹ hat 14 Punkte erhalten, was wäre dazu ein vorläufiger Überbegriff?«

»Verkehr.«

»Nehmen wir die zweithöchste Punktzahl ›gefährdete Fußgänger‹ mit acht. Gehört auch zu Verkehr.«

»Wie steht es mit ›ungemütliche Plätze‹, dem nächsten Kritikpunkt?«

»Dabei war an Architektur, die steingewordenen Plätze gedacht.«

»Gut, dann beginnen wir mit einem neuen Bereich, Architektur!« usw.

Phasenergebnis: Kritikthemenkreise

Die Werkstattgruppe kann den durch die Zuordnungen näher bestimmten Themenkreis ›Verkehr‹ – wenn in zwei Untergruppen gearbeitet wird: zusätzlich ›Architektur‹ – direkt zur Ausgangsbasis für die Phantasiephase machen, vielleicht indem sie zuvor die einzelnen Kritikpunkte in einer Diskussion präzisiert.

Kritikthemenkreise

Verkehr

Blechlawine, zu viele Autos	(14)
gefährdete Fußgänger	(8)
kein Platz für Kinder	(7)
Blechsalat	(6)
große Parkflächen	(5)
Zerrissenheit	(4)
Vierteilung durch Straßenkreuz	(2)

Architektur

ungemütliche Plätze	(7)
kein Licht, keine Farben	(6)
Enge und Beklemmung	(4)
ungepflegte Altbauten	(4)
Eierkistenarchitektur	(2)
Lieblose Fassaden	(1)

Natur

Vertrocknetes Grün	(5)
Vergammeltes Grün	(2)

Sonstiges

Baulärm	(6)
zu wenig Kontaktmöglichkeiten	(3)

3. Phasenergebnis: Kritikaussagen

Um das Gruppenanliegen noch genauer herauszufiltern, werden als Zwischenschritt Kleingruppen (drei bis fünf Personen) gebildet. Sie erhalten die Aufgabe, aus den hochgepunkteten Stichworten der Kritikauswahl bzw. der Kritikthemenkreise eine Aussage oder eine These zu bilden, jedoch nicht so, daß sie alles unterbringen müssen, sondern sich auf das beschränken, was sie für wesentlich halten. Indem man sich in einem kleinen Kreis intensiv z. B. mit dem Schwerpunkt ›Verkehr‹ beschäftigt, wird ein besseres Verstehen und Durchdringen der kritisierten Zustände erreicht.

Kritikaussagen der Kleingruppen könnten sein:

»Die Blechlawine gefährdet den Fußgänger und raubt den Kindern Spielmöglichkeiten.«

»Der Verkehr und die Straßen zerreißen das Stadtviertel und zerstören menschliche Kontaktmöglichkeiten – besonders ältere Mitbürger kommen kaum noch über die Straßen.«

»Der Verkehr (Straßen, Parkmöglichkeiten, Kreuzungen) hat vor dem Menschen Vorfahrt.«

Diese Kritikaussagen werden in der Großgruppe erläutert, diskutiert und unter Umständen zusammengefaßt und dann zur Abstimmung gestellt. Die von der Mehrheit favorisierte These – je nach Gruppengröße bzw. -interessen können auch mehrere Thesen gewählt werden – bildet die Grundlage für die Phantasiephase.

4. Rubrizierung der Kritikpunkte
Bei dieser genaueren Variante der Kritiksichtung suchen wir wiederum nach einigen wenigen Überbegriffen, denen sich die Beschwerden zuordnen lassen – jetzt jedoch nicht nur für eine Auswahl, sondern für *alle Kritikstichworte.* Dazu gehen wir die Nennungen nacheinander durch und fragen nach Zusammenhängen. Da das Rubrizieren in der Gesamtgruppe schwerfällt, sollten einige Interessierte einen Vorschlag ausarbeiten. Wegen der benötigten Zeit ist diese Bearbeitungsform der Kritik bei längeren Werkstätten angebracht.

Rubrizierungsbeispiel
Eine mögliche Rubrizierung der Kritiksammlung ›Wohnviertelbelästigungen‹ könnte sein:

KRITIKSAMMLUNG – 'Wohnviertelbelästigungen' Rubrizierung

Verkehr(sfolgen)
Blechlawine, zu viele Autos
Zerrissenheit
gefährdete Fußgänger
Vierteilung durch Straßenkreuz
auffällige Verkehrszeichen
Blechsalat
Peitschenlampen
große Parkflächen

Lebenssituation
kein Licht keine Farben
Zerrissenheit
gefährdete Fußgänger
Enge und Beklemmung
Hundeparadies
abends toter Ort
ungemütliche Plätze
homogene Masse
vertrocknetes Grün
zu wenig Kontaktmöglichkeiten
Bürokratielandschaft

Bebaute Umwelt
Unproportionalität
Tummelplatz für Bauten
kein Licht, keine Farben
zuviel Reklame
Eierkistenarchitektur
zuviele Zäune
Enge und Beklemmung
fehlende Symbole
brutale Fassaden
Kitsch und Nostalgie
betonierter Grund und Boden
Lieblose Fassaden
Betonkälte
nicht angenommene Kunst
ungepflegte Altbauten

Je nach Schwerpunktbildung können Nennungen in mehreren Rubriken zugleich auftauchen. Das Ziel ist, die Hauptstränge, die sich im ›Kritik-Wirrwarr‹ verbergen, sichtbar zu machen.

Phasenergebnis: Kritikaussagen
Nachdem der Rubrizierungsvorschlag von der Gesamtgruppe besprochen und vielleicht modifiziert worden ist, wird eine Rubrik – bei größeren Gruppen können es auch mehrere Rubriken sein – ausgewählt, und es werden dazu in Kleingruppen Kritikaussagen gefunden, aus denen dann in einer Plenumsdiskussion die interessantesten Thesen für die Phantasiephase herausgesucht werden.

Rubrizieren gegenüber Punktvergabe

Vergleicht man die beiden Verfahrensweisen miteinander, so läßt sich feststellen, daß die Rubrizierungsmethode umständlicher und schwerfälliger als die Punktvergabe ist. Sie sollte deshalb nur dann den Vorzug erhalten, wenn genügend Zeit vorhanden ist und alle Stichworte erfaßt werden können. Zwar mag bei der Punktvergabe einiges an Gehalt verlorengehen, doch macht es viel Spaß, herumzugehen, seine Punkte zu vergeben und auf das Auszählungsergebnis zu warten. Es kommt Bewegung in die Gruppe, informelle Diskussionen finden vor den Wandzeitungen statt, und alle Teilnehmer sind bei der Sache.

Visualisierungstechnik

In allen Werkstattphasen protokollieren wir unsere Arbeit in Stichworten auf Papierbogen. Diese Technik läßt zahlreiche Wortmeldungen zu und zeigt genau den jeweiligen Diskussionsstand an. Jeder kennt Konferenzen und Gespräche, bei denen wenige Personen viel reden, Wichtiges aus Zeitmangel oder Vergeßlichkeit untergeht und bald allgemeine Ermüdungserscheinungen auftreten. In der Zukunftswerkstatt erweitern wir die übliche Mund-Ohr-Kommunikation um Hand und Auge. Alles Gesagte wird visualisiert, also in geschriebener oder bildlicher Form festgehalten. Durch das ständige Sichtbarmachen können die Teilnehmer die Arbeit überschauen und selbst tätig werden, indem sie, wann immer sie wollen, einen Stift in die Hand nehmen und ihren Beitrag anschreiben. Gerade durch diese Aktivierung wird die Werkstatt ihrem Namen gerecht: Jeder kann ›mitwerken‹. Dabei ist zu beachten, daß keine ganzen Sätze festgehalten werden, sondern nur Stichworte, welche die geäußerten Ideen knapp zusammenfassen. Da die Wandprotokolle auch auf eine Entfernung von fünf bis acht Metern zu lesen sein sollten, folgen einige ›Schreibhinweise‹ der Metaplan-Gruppe:

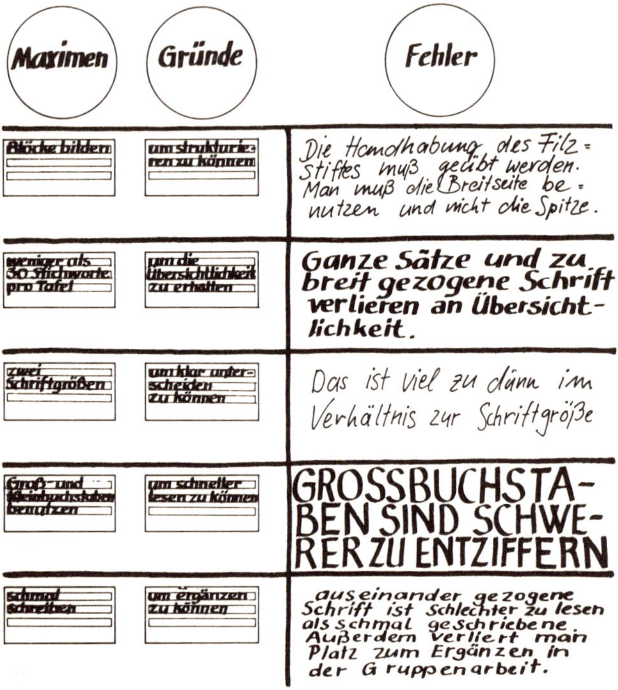

In Anlehnung an Eberhard Schnelle, den Initiator und Leiter der Metaplan-Gruppe, lassen sich als Vorteile der Visualisierungstechnik nennen:

- Die ständige Zugriffsmöglichkeit zum Gesammelten ist gegeben;
- der Umfang des Erarbeiteten ist jederzeit zu kontrollieren;
- Erinnerungsvermögen und Einprägsamkeit werden durch die Darstellungsform in Stichworten verbessert;
- trotz der Verschiedenartigkeit des Aufgeschriebenen läßt sich die Übersicht leicht herstellen;
- Beziehungen zwischen einzelnen Gedanken werden erkannt und lösen Assoziationen aus.

Zusammenfassung – Beschwerde- und Kritikphase

Zielsetzung

- Durch kritische Bestandsaufnahme des Werkstattanliegens die Gruppenzielsetzung genau abklären, die gemeinsame Arbeitsgrundlage finden: die entscheidenden Beschwerden und Kritiken der Anwesenden.
- An den verschiedenen Entscheidungspunkten darauf achten, daß der Themenbezug erhalten bleibt; gegebenenfalls solche Brüche mit der Gruppe kurz besprechen.
- Schrittweise Einwände, Ängste, Befürchtungen der Werkstattleute zu einer Gruppenauswahl, einer Kritikaussage zusammenführen.

Arbeitsstil

- Sich kurz fassen, Äußerungen sind auf 30 Sekunden beschränkt, Monologe verpönt; dadurch werden viele Wortmeldungen möglich.
- Visualisierung der Beiträge in Stichworten auf den Wandpapierbogen; dadurch wird der Stand der Diskussion angezeigt und ein Gruppenprotokoll geführt.
- Einbezug der Teilnehmer, die selbst anschreiben oder zeichnerisch darstellen können, was ihnen wichtig erscheint.
- Wechsel zwischen Plenum (15–25 Personen) und Kleingruppen (drei bis fünf Personen); Aktivierung und intensive Mitarbeit der Gruppenmitglieder.

Vorgehensweisen in der Kritikphase

- Vorteile eines solchen Vorgehens sind:
  a) Langsam einander besser kennenlernen durch gemeinsames ›Werken‹;
  b) Erweiterung der Mund-Ohr-Kommunikation um Hand und Auge;
  c) Übersichtlichkeit und Präsenz des Erarbeiteten;
  d) Förderung des Assoziationsvermögens: neue Bezüge und Verbindungen werden erkannt;
  e) Vervielfachung der Beteiligungshäufigkeit durch Begrenzung der Redezeit.

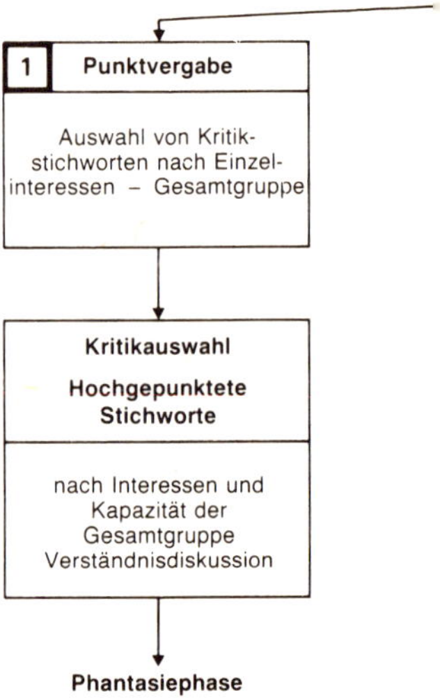

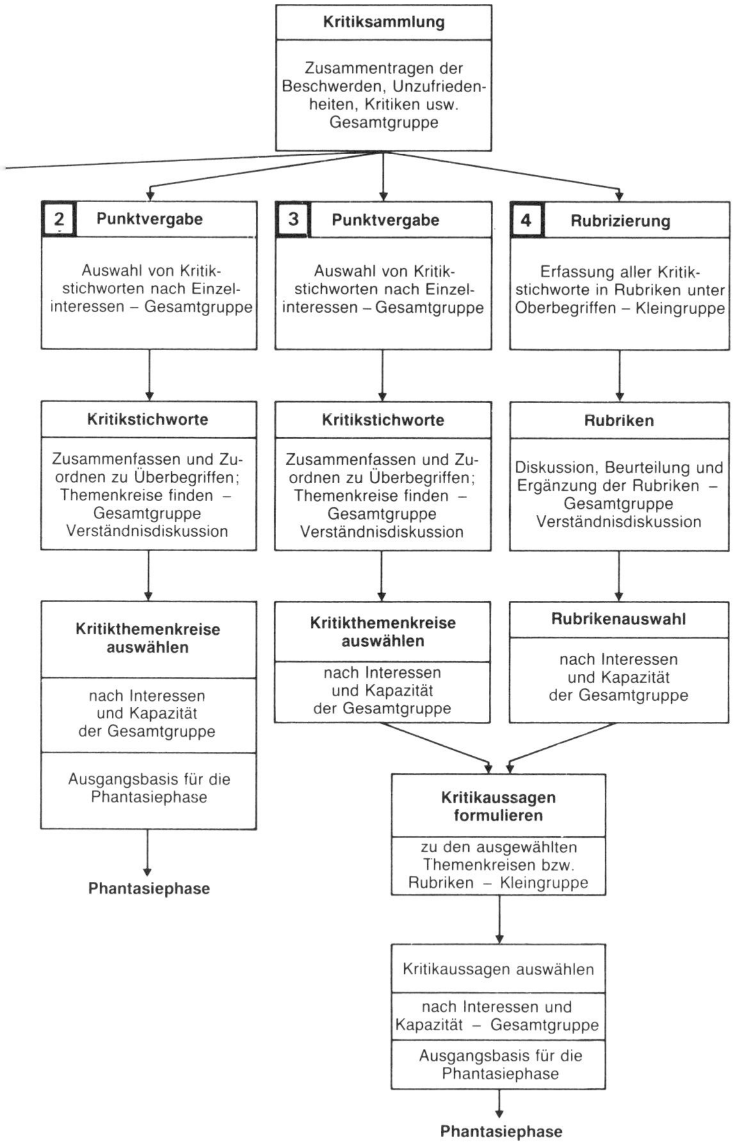
Kritiksammlung
Zusammentragen der Beschwerden, Unzufriedenheiten, Kritiken usw. Gesamtgruppe
2 Punktvergabe
Auswahl von Kritikstichworten nach Einzelinteressen – Gesamtgruppe
3 Punktvergabe
Auswahl von Kritikstichworten nach Einzelinteressen – Gesamtgruppe
4 Rubrizierung
Erfassung aller Kritikstichworte in Rubriken unter Oberbegriffen – Kleingruppe
Kritikstichworte
Zusammenfassen und Zuordnen zu Überbegriffen; Themenkreise finden – Gesamtgruppe Verständnisdiskussion
Kritikstichworte
Zusammenfassen und Zuordnen zu Überbegriffen; Themenkreise finden – Gesamtgruppe Verständnisdiskussion
Rubriken
Diskussion, Beurteilung und Ergänzung der Rubriken – Gesamtgruppe Verständnisdiskussion
Kritikthemenkreise auswählen
nach Interessen und Kapazität der Gesamtgruppe
Ausgangsbasis für die Phantasiephase
Phantasiephase
Kritikthemenkreise auswählen
nach Interessen und Kapazität der Gesamtgruppe
Rubrikenauswahl
nach Interessen und Kapazität der Gesamtgruppe
Kritikaussagen formulieren
zu den ausgewählten Themenkreisen bzw. Rubriken – Kleingruppe
Kritikaussagen auswählen
nach Interessen und Kapazität – Gesamtgruppe
Ausgangsbasis für die Phantasiephase
Phantasiephase

Phantasie- und Utopiephase

Phantasiefähigkeit entfalten

Was als wichtige Kritik ausgewählt wurde, bildet die Grundlage für das Phantasieren. Die Gruppe macht sich daran, darüber nachzudenken, wie der kritisierte Zustand verbessert, verändert oder sogar aus der Welt geräumt werden kann. Dazu sucht sie Lösungen mit allen nur denkbaren phantasievollen Mitteln. Der vorgebrachten, ausgewählten und präzisierten Kritik werden eigene Wünsche, Träume, Vorstellungen, Alternativen, Einfälle, Visionen gegenübergestellt. Ein buntes Panorama entsteht, das von der breiten Ideensammlung von utopischen Entwürfen bis hin zu Idealmodellen reichen kann.

Ziel der Phantasiephase ist, das aus uns hervorzuholen, was an Erwartungen in uns schlummert. Damit verharren wir nicht länger in Unmut und Ohnmacht, sondern denken darüber nach, wie wir das uns Bedrängende, den kritisierten Zustand verändern oder möglichst verbessern können. Um herauszufinden, was wir wollen, lassen wir unserer Phantasie und Kreativität freien Lauf. Ohne Rücksicht auf Gesetze, Vorschriften, Gutachten oder andere Zwänge ersinnen wir Lösungen, stellen die Probleme in andere, neue Zusammenhänge und erfinden Auswege. Für uns ist es der Augenblick der Wahrheit: Wir äußern ganz ungeniert alle Wünsche, die uns in den Kopf kommen, selbst wenn sie uns auf den ersten Blick skurril oder ganz unmöglich erscheinen.

Da wir nicht wie die Experten von angeblich feststehenden Fakten eingeengt sind, da wir wenig von Hintergründen und Machtkonstellationen wissen, da wir einfach gegen unser Unbehagen etwas unternehmen wollen, können wir nur das nutzen, was in uns steckt: unsere Alltagserfahrungen und unsere Phantasiefähigkeit. So erschaffen wir uns in der Vorstellung Zukünfte, in denen wir gerne leben möchten.

Dazu müssen wir, soweit es geht, vorübergehend unsere täglichen Schwierigkeiten und Scherereien vergessen und bereit sein,

- das sonst Undenkbare zu denken;
- experimentierfreudig und neugierig zu sein;
- uns unangepaßt und wandlungsfähig zu verhalten;
- dem Irrationalen und ›Verrückten‹ gegenüber aufgeschlossen zu sein;
- Fehler und Scheitern zu riskieren;
- vielseitige Interessen und Informationen aufzunehmen;
- Besserwisserei und Perfektionismus zu verabscheuen;
- unsere ›wilden‹ Vorstellungen zu vertreten;
- allem um uns herum unvoreingenommen zu begegnen.

Verlangt wird offenes, spontanes, flexibles Verhalten, das die eingefahrenen Denkweisen verläßt. Dazu bedarf es der Lust zum Wagnis, der Bereitschaft, miteinander unbefangen zu kommunizieren, und nicht zuletzt der Freude am Spiel mit Gedanken, Informationen, Inhalten, Institutionen, Kombinationen. In der Phantasiephase erfinden wir für unser Arbeitsvorhaben in freier Assoziation Wunschwelten, die langsam Gestalt annehmen – aus spontanen Einfällen, sich daran anknüpfenden Bildern, Verfremdungen und dem Weiterverfolgen von Gedankenketten.

Wünsche und Phantasien aussprechen

Der Moderator könnte so einleiten:

»Nun beginnt die wichtigste und lustvollste Phase unserer Arbeit am Erfinden von erstrebenswerten Zukünften: das phantasievolle Herbeiwünschen und Entwerfen anderer menschengerechter Zustände.

Wir haben die Erfahrung gemacht, daß dies Menschen unserer Zeit oft recht schwer fällt. Wir stehen von früher Jugend an unter so vielen Zwängen, daß es nicht leicht ist, uns – sei es auch nur für kurze Zeit – davon zu lösen. Die bisherigen oft negativen Erfahrungen hängen sich bleischwer an unsere Sohlen und verhindern hohe Phantasiesprünge.

Wie gelangen wir aus der Alltagswirklichkeit ins Reich der Imagination?

Im positiven Umformulieren der Kritikpunkte, durch ihre Umdrehung ins Gegenteil finden wir einen ersten, ziemlich einfachen Übergang. Aber das reicht nicht aus. Wir müssen noch viele andere Wege ins Reich der Phantasie suchen: durch Lokkerungen, Brainstorming, Rundwünschen und Utopien-Ausfabulieren.«

Moderation in der Phantasiephase

Da wir durch unser bisheriges Leben, durch unsere Erziehung, Ausbildung und Arbeit verformt und gehemmt sind, wird es uns kaum glücken, einfach drauflos zu phantasieren, aus uns herauszugehen, kreativ zu sein. Wir brauchen dazu eine wache, freundliche Stimmung in der Gruppe. Dem Moderator fällt es zu, diese Ausgangslage vorzubereiten. Am besten erklärt er, daß nun bedingungsloses Offensein gegenüber noch so seltsamen Ideen und Phantasien, Träumen und Wünschen wichtig sei. Damit eine solche Atmosphäre entstehen kann, seien vorhergehende Auflockerungen und Entkrampfungen zweckdienlich. Vor allem Spiele geistiger oder körperlicher Art böten sich an. Es ginge letztlich um die ›Verwandlung‹ eines jeden Anwesenden. Anzustreben sei, frei heraus reden zu können und sich um die Beschränkungen der

Realität in keiner Weise mehr zu kümmern. Die Erläuterungen sollten in die Frage nach Vorschlägen aus der Gruppe für Lockerungsspiele oder ähnliches münden. Erst wenn nichts kommt, bringt der Anleitende selbst etwas ein; wohlgemerkt: Vorschläge aus der Gruppe sollten stets Vorrang haben, denn dadurch entsteht Vertrauen.

Ob die Phantasiephase erfolgreich verläuft, hängt davon ab, wie es der Gruppe gelingt, wenigstens zeitweise Neues, Ungewohntes, Irreales zuzulassen. Durch unermüdliches Anregen und beispielhafte Vorschläge kann der Moderator viel zum positiven Ausgang beitragen.

Zu seinen Aufgaben gehört:

Anschaulich – möglichst mit Beispielen – erklären, daß sich diese Phase durch positives Arbeiten und Denken in jeder Hinsicht auszeichnet.

Sich um ein gutes, freundliches Gruppenklima bemühen – durch eigenes Verhalten und durch Bestärken kreativer Beiträge.

Immer wieder gegen das berühmt-berüchtigte ›Das geht doch nicht, das ist zu verrückt‹ eintreten und betonen, daß jetzt ›alles‹ geht.

Unterstreichen, daß es nicht wichtig ist, ob eine Phantasieidee wirklich das Thema trifft oder weiterbringt, sondern daß sie helfen kann, sich freiphantasieren.

Aufpassen, daß die Phantasiestimmung nicht durch Kritik und Verwirklichungsdiskussionen zerstört wird.

Engagiert die Gruppe motivieren und anstoßen, Fragen stellen und neue Anläufe wagen, damit die Beteiligten auch gestalterisch das Übliche hinter sich zu lassen versuchen.

Im Gesprächsverlauf ist die Rolle des Moderators als unermüdlicher Zuhörer und Anreger besonders wichtig, denn beim Erfinden wird meist zuerst ›schon Gehabtes‹, also ›Angelesenes‹ vorgebracht. Dieses Anbieten von Klischees ist ein Stück notwendiger Aufarbeitung gängiger Information.

So werden in einer Zukunftswerkstatt über ›Verkehr von morgen‹ erst einmal unweigerlich Elektroautos und Schwebebahnen auftauchen; in einer Veranstaltung über ›Humanisierung der Arbeit‹ müssen zunächst Vorschläge zur Abschaffung von Streß und Monotonie vorgebracht werden, obwohl sie an sich nichts Neues bieten. Bei einer Behandlung des Themas ›Gesundheit‹ wird weder das Stichwort ›vorbeugende Medizin‹ noch die Forderung nach ›vernünftiger Nahrung‹ fehlen. Wirklich originelle Ideen entstehen meist erst später. Das ermutigende, überspitzende, unermüdlich anregende Eingreifen des Leiters oder einzelner Teilnehmer kann dazu wesentlich beitragen.

Beispiel: VERKEHR
»Ganz gut dein geräuschloses Einmann-Flugzeug! Wozu brauchst du das eigentlich?«
»Weil ich über alles wegfliegen kann und weder Verkehrsstauungen noch rote Lichter beachten muß.«
»Gibt's dazu noch andere Möglichkeiten?«

Beispiel: ANDERS ARBEITEN
»Statt weniger Stunden – alle paar Jahre ein bezahltes Urlaubsjahr.«
»Und was machst du dann?«
»Rausfinden, was ich sonst noch kann.«
»Zum Beispiel?«

Beispiel: GESUNDHEIT
»Alles sagen können, was ich so täglich in mich reinfresse.«
»Also mit anderen reden können?«
»Über alles.«
»Wirklich alles?«

Das Bedeutsame an dieser Phase besteht darin, sonst Undenkbares zu denken und auszusprechen, sei es noch so wild, unausgegoren oder unwahrscheinlich. Als Richtschnur – neben Diskussionsverzicht, Gebrauch von Stichworten und Visualisierung – gilt:

- **Bezug zum Thema ist erwünscht**
- **Keine Kritik** am Vorgebrachten
- **Freies Gedankenspiel**
- **Offenheit** gegenüber allem
- **Aufgreifen und weiterspinnen** der Vorschläge anderer

Phantasiegrundlage: Kritikergebnis in positiver Form

Mit dem Umwandeln der Kritikergebnisse zum Positiven hin beginnen wir die Phantasiephase. Dadurch gelingt es, uns allmählich zu befreien, die Lasten aus Unzulänglichem und Befürchtetem abzuschütteln. Hier am Anfang der Phase leitet uns noch das Konstruktive und Rationale. Ganz bewußt wird nach Gegensätzen und Umkehrungen gesucht, um eine bejahende Sicht des kritisierten Zustands zu finden.

Da dieses ›Umgekehrt-Sehen‹ noch stark über den Kopf erfolgt, haben wir herausgefunden, daß es eigentlich zwischen Kritik- und Phantasiephase steht. Deshalb schließen wir dieses gewollte Positiv-Werden auch zeitlich oft direkt an die Kritikphase an; das heißt: bevor eine längere Pause gemacht wird, veranlassen wir noch das Umwandeln. Wir schaffen uns damit eine Plattform, von der aus das eigentliche Phantasieren starten soll. Das Umformulieren hilft also beim Übergang in das Phantasiestadium. Wir werden gezwungen, das Erarbeitete aus einem anderen Blickwinkel zu sehen. Beim Beispiel ›Verkehr‹ würden die Kritikstichworte folgendermaßen umgewandelt: Aus ›gefährdete Fußgänger‹ wird ›ungefährdete Fußgänger‹, aus ›kein Platz für Kinder‹ ›viel Platz für Kinder‹, aus ›Blechsalat‹ ›kein Verkehrsgetümmel mehr‹, aus ›große Parkflächen‹ ›große Grünflächen‹, aus ›Zerrissenheit‹ ›Nachbarschaft‹, aus ›Vierteilung durch Straßenkreuz‹ ›durchmischtes, zusammenhängendes Wohn- und Geschäftsviertel‹.

Bei den Kritikaussagen verfahren wir ähnlich. Aus ›Der Verkehr und die Straßen zerreißen das Stadtviertel und zerstören menschliche Kontaktmöglichkeiten‹ könnte werden ›Menschliche Kontaktmöglichkeiten bestimmen das Aussehen von Verkehr und Straßen im Stadtviertel‹.

Lockerungsübungen

Wie kommen wir nun in eine gute Phantasiestimmung? Um das Konformitätsgefängnis, in dem wir uns bewegen, verlassen zu können, müssen wir, wie schon vorhin angedeutet, eventuell Vorbereitungen treffen, ›Lockerungsübungen‹ machen. Dadurch wollen wir versuchen, alle Einengungen und Vorurteile – wenigstens zeitweise – abzuschütteln, ja zu vergessen.

Wenn schon in der Vorbereitungs- und Kritikphase eine gute Gruppenatmosphäre entstanden ist, da man sich zwanglos kennenlernen konnte, Lachen auch auf eigene Kosten nicht zu kurz kam, sich die Individualitäten frei entfalten konnten, dann besteht bereits ein Klima, das unsere weitere Zusammenarbeit begünstigen wird.

Phantasielaune entsteht am ehesten beim Miteinander-Spielen, und zwar bei Spielen, die keine Konkurrenz fördern, sondern zum gemeinsamen Ideen-Entwickeln anregen. Die Vorschläge für Spiele sollten möglichst aus dem Teilnehmerkreis kommen. Dem Einfallsreichtum sind dabei keine Grenzen gesetzt:

- sich gegenseitig schminken, sich verkleiden und in Masken schlüpfen, um auch äußerlich kundzutun, daß ein Rollenwechsel stattfindet;
- mit Worten spielen, Anekdoten, Witze erzählen oder vorlesen – vielleicht pantomimisch untermalen, nachspielen;
- Lieblingsbeschäftigung oder die eigene Arbeit mit Gesten und Bewegungen vormachen, während die Gruppe das Vorgestellte zu erraten hat;
- selbstausgedachte Geschichten vortragen und weiterspinnen, in der Gruppe gemeinsam eine Geschichte ausfabulieren, indem jeder reihum die Geschichte um einen Satz bereichert;
- eine Malaktion starten – Wünsche in Bildern (z. B. zum Thema) ausdrücken und das Entstandene in einer Ausstellung deuten;
- sich körperlich betätigen, z. B. einen Ball einander zuwerfen, verbunden mit einer lustigen Frage;

- gemeinsam eine Zeitreise in nächste Jahrtausend machen, sich zu bestimmten zukünftigen Zeiten das Entwicklungsstadium des Werkstattanliegens (positiv) ausmalen;
- ein Spiel erfinden, das sich mit Zukunftsfragen beschäftigt, das die Gruppenmitglieder zu Zukunftsäußerungen veranlaßt.

Beispielsweise wurden in einem Lockerungsspiel vielfältige Verwendungsmöglichkeiten für ein Blatt Papier ›erfunden‹. Hier z. B.:

falten, es lieben, vermessen, bemalen,
eingraben, verkaufen, anzünden, knistern,
Klosettpapier, bekritzeln, Schattenspiel,
Ameisen darüber laufen lassen,
Stuß darauf schreiben,
Fressen zudecken,
streng hüten, damit es weiß bleibt,
ein zweites kaufen und auf Kinder warten,
als Katzenspielzeug verwenden,
eine Blume daraus machen,
als Ohrenstöpsel verwenden,
Noten daraufschreiben,
ins Klavier legen,
schneiden, daß ein Megaphon daraus wird,
einen Flieger daraus machen,
Transformation zur Oblate,
Verkaufen als Prominentenautogramm,
über den Kamm legen und summen,
Stopfen für Trompete,
in Salzsäure auflösen,
zum Baum zurückdenken,
Konfetti daraus machen,
Vorschläge daraufschreiben,
vom Balkon fallen lassen,
Luft damit einpacken,
als Windspielzeug verwenden.

Damit die andere Seite, das Körperliche, nicht zu kurz kommt – sie hilft oft, eine Gruppe zu beflügeln –, auch dazu ein Beispiel: das Knotenspiel. Die Gruppe stellt sich Rücken an Rücken dicht zusammen. Nun ergreift die hochgestreckte rechte Hand irgendeine Hand hinter sich, das gleiche geschieht mit der linken. So verknotet, bemüht sich die Gruppe, das Gewirr zu einem Kreis oder mehreren Kreisen aufzulösen, indem sich einzelne hin und her drehen müssen, über Arme-Hände-Verbindungen hinwegsteigen oder unter ihnen durchschlüpfen.

Brainstorming – Ideensammlung

Nach einer derartigen lockernden Einstimmung – bei einer Wochenendwerkstatt nach einer guten halben Stunde – finden wir zu unseren positiven Umformulierungen zurück, von denen ausgehend wir nun versuchen, unsere Wünsche und Träume zu befreien. In einem Brainstorming, einem ›Gehirnsturm‹, nähern wir uns der Lösung des Werkstattproblems dadurch, daß jeder Teilnehmer spontan reale wie unrealistische Vorschläge herausruft, die so, wie sie anfallen, auf den Wandpapieren notiert und gesammelt werden. *Dabei ist jegliche Kritik an den Äußerungen der anderen vorläufig verboten.* Jeder kann seine Ideen, Einfälle und Gedankenfetzen – mögen sie auch noch so seltsam klingen – vorbringen. Um den notwendigen Abstand zu gewinnen, stellen wir uns z. B. vor: Wir sind ganz auf uns gestellt, uns stört oder bedrängt niemand; als Gruppe können wir jetzt alles nach Wunsch und eigenem Gutdünken einrichten; wir verfügen über soviel Geld, wie wir benötigen; wir können bestimmen, was geschieht, niemand kann uns Vorschriften machen.

Durch das Festhalten der Vorschläge auf den Plakaten werden in der Gruppe immer neue Ideen ausgelöst, Assoziationen tauchen in schneller Folge auf, ungewöhnliche Verbindungen und Sichtweisen entstehen. Zwischen den Werkstättlern kommt es zu einer intensiven gegenseitigen Ideen- und Phantasiebefruchtung. Manchmal erfaßt die Teilnehmer geradezu eine Art Phantasierausch und spornt sie zu immer ungewöhnlicheren Einfällen an. In einer halben Stunde können mehr als 100 Lösungshinweise gesammelt werden.

1. Beispiel: IDEENSAMMLUNG ›ANDERE POLIZEI‹
Wie dabei abweichende Vorstellungen hervorbrechen, veranschaulicht eine Zukunftswerkstatt mit eher nüchternen Anwärtern der Berliner Polizei. Hatten sie sich beim Vorgespräch noch zu den üblichen repressiven Methoden der ›Ordnungshüter‹ bekannt, so sahen ihre Wunschtätigkeiten und -eigenschaften etwas später ganz anders aus:

»Die Bürger sollen nicht zu mir ins Büro kommen. Ich will zu ihnen gehen.«

»Nicht befehlen, sondern fragen, wo der Schuh drückt.«

»Jeder Polizist sollte einen Teil des Jahres als normaler Bürger ohne Amt und Uniform leben.«

»Am besten unerkannt bleiben, wie Harun Al Raschid, damit ich erfahren kann, was die Leute wirklich wollen.«

»Auch Vorgesetzte irren sich.«

»Vorschriften können falsch sein.«

»Ohne Waffen, wie die Londoner Bobbies.«

»Der Bulle ist ein Stier. Ich bin schließlich ein Mensch!«

Auffällig war, wie sich im Laufe des Phantasierens der Gesichtsausdruck und die Körperhaltung der Polizeischüler lokkerten. Vergessene oder verdrängte Vorsätze wurden wiederentdeckt und weitergedacht.

2. Beispiel: IDEENSAMMLUNG ›VERKEHRSBERUHIGUNG‹
Aufschlußreich ist auch die Ideensammlung der Bürgergruppe, die sich mit ihrer Phantasieaussage ›Menschen haben Vorfahrt vor Verkehr (Straßen, Parkplätze und Kreuzungen)‹ gegen die Autoüberflutung ihres Viertels stemmte:

- Spiel- und Unterhaltungsmöglichkeiten vor dem Haus;
- Gartenstraße: Begrünung, barfuß laufen können, Obstgärten;
- nur für Fahrräder zugelassen, Gratis-Fahrräder, für ältere Bürger Rikscha-Dienst;
- Straßencafés und Restaurants, Ruhe, keine verpestete Luft, Erholungsraum;

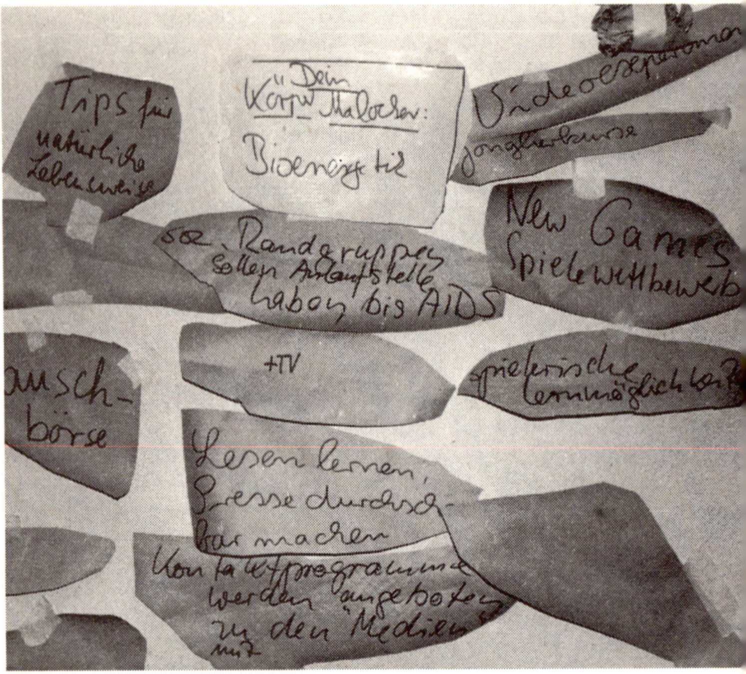

- Plätze für Bühnen, Planschbecken, Eisbahn, Info-Säulen, Beschwerde-Ecken;
- Rollsteige, Gondelbeförderung, Elektro-Minicars;
- Bürgerläden, jeder kann verkaufen und tauschen, was er will;
- Kummerladen, wo man Zuhörer und Helfer findet;
- Verengung der Straßen durch Mittelpromenaden; Autos, die zu schnell fahren, werden durch Schaumgummiwände gebremst;
- Fußgänger-, Rollschuh- und Fahrradwege;
- Fassaden abwechslungsreich, bunter und baulich einfallsreicher gestalten;
- Wasserwege, Bach in der Straße, Forellenteich;
- Fläche zwischen den Häusern persönlich gestalten;

- Quartiersdemokratie;
- Straßenaktionen, Filme an Hauswänden oder in Ladenwohnungen;
- Hüpfgeräte zum Überspringen der Verkehrsstraßen;
- Ofen bauen, Brot backen, überhaupt werken auf der Straße, neue Fähigkeiten lernen;
- Fähigkeitenbörse: Lehr- und Lernangebote;
- Ausstellungen, Musik, Konzerte;
- Kontaktstellen, Straßeninformation (Geschichte), Problemtelefon;
- Aktionen wie ›Das originelle Haus‹, ›Die kommunikative Hausgemeinschaft‹, ›Jeder pflegt, pflanzt einen Baum‹;
- Straßen in Wohn- und Lebensraum umfunktionieren.

Keine Angst vor Übertreibungen

Alle bisher genannten Phantasiebeispiele sind noch viel zu nahe an der Wirklichkeit, weil wir als Erwachsene im Hinterkopf stets an das Machbare denken und im Grunde nicht wagen, Märchenhaftes und Wundersames zu erfinden.

Aber gerade das könnte uns, wenn wir es als **Inspiration** und nicht als zu verwirklichenden Plan verstehen lernen, neue Zugänge in eine spätere Wirklichkeit öffnen.

Als z. B. eine Teilnehmerin von einem ›Schulhaus mit Flügeln‹ schwärmte, beflügelte das die folgende Arbeit. Es wurde dadurch allen plötzlich klar, daß Bildung oft zu stark der Schwerkraft des Tatsächlichen, des bereits Bestehenden verhaftet ist. Die ›fliegende Klasse‹ wurde zur Metapher einer kreativen Erziehung. Ivan Illich, dem einmal vorgeworfen wurde, seine Forderung »Schafft die Schule ab!« sei doch maßlos übertrieben, antwortete: »Wenn ich nicht übertrieben hätte, wäre die Diskussion über die alte Schule nie so in Gang gekommen.«

Der Mut in der Phantasiephase, sich Unmögliches auszudenken, sprengt Mauern, hinter denen dann Mögliches ganz anderer Art entdeckt werden kann. Überspitzungen sind nützliche Herausforderungen. Sie provozieren den Erfindergeist und sollten vom Moderator ständig verlangt werden.

1. Phantasieauswahl durch Punktvergabe – Ideenbank

Da oft nicht alle Nennungen des Brainstorming weiterverfolgt werden können, muß eine Auswahl getroffen werden. Bei der ›Verkehrsberuhigung‹ baten wir die Gruppe, drei Striche zu vergeben. Wir fragten dazu: »Welche Neuerung wünscht ihr euch im Viertel? Was fasziniert euch? Welche Vorschläge möchtet ihr weiterbringen? Bitte denkt bei der Auswahl noch nicht an die Verwirklichung!«

Die Bürgergruppe punktete folgendermaßen:

- Verengung der Straßen durch Mittelpromenaden (8)
- Plätze für Bühnen, Planschbecken, Eisenbahn, Info-Säulen, Meckerecken (7)
- Straßen in Wohn- und Lebensraum umfunktionieren (7)
- Aktionen wie ›Das originelle Haus‹ (6)
- Straßencafés, Restaurants, Ruhe, keine verpestete Luft, Erholungsraum (5)
- zu schnell fahrende Autos werden durch Schaumgummiwände gebremst (4)

Diese Auswahl dient bei Zeitknappheit – z. B. bei einer Halbtageswerkstatt – als Ausgangsbasis für die Verwirklichungsphase. Die Phantasiephase besteht in diesem Fall aus einem mehr oder weniger umfassenden Brainstorming und dem Auswählen.

Phasenergebnis: Phantasieauswahl

Da bei einer solchen Auswahl stets wichtige Vorschläge unberücksichtigt bleiben, sollte die Gruppe darauf achten, daß sie nicht verlorengehen. Das Anlegen einer *›Ideenbank‹* empfiehlt sich, auf die bei Bedarf und neuen Anläufen immer wieder zurückgegriffen werden kann.

2. Phantasiethemenkreise

Wie in der Kritikphase beschrieben, lassen sich natürlich auch Themenkreise zu den favorisierten Phantasien bilden. Bei unserem Beispiel ›Verkehrsberuhigung‹ entstanden folgende Themenkreise:

1. Plätze für Bühnen, Planschbecken, Eisbahn, Info-Säulen, Meckerecken / Straßencafés und Restaurants, Ruhe, keine verpestete Luft, Erholungsraum / nur Fahrräder zugelassen, Gratis-Fahrräder, für ältere Bürger Rikscha-Dienst;
2. Verengung der Straßen durch Mittelpromenaden; Autos, die zu schnell fahren, werden durch Schaumgummiwände gebremst;
3. Aktionen wie ›Das originelle Haus‹;
4. Straßen in Wohn- und Lebensraum umfunktionieren.

Phasenergebnis: Phantasiethemenkreise bzw. utopische Entwürfe
Bei Zeitmangel würde die Phase mit den Phantasiethemenkreisen enden. Aber auch hier sollte angestrebt werden, weiterzugehen, nämlich in Kleingruppen dazu zusammenhängende Utopien entwerfen zu lassen.

3. Rubrizierung der Brainstorming-Nennungen
Beim Rubrizieren werden alle Nennungen des Brainstorming Überbegriffen zugeordnet. Das gesamte Panorama an Ideen wird somit gegliedert und übersichtlicher. Die Rubriken können die Phase abschließen, sollten aber in der Regel als Basis für das Entwickeln utopischer Entwürfe dienen.

Phasenergebnis: Phantasierubriken bzw. utopische Entwürfe

›Rundwünschen‹

Damit Kleingruppen mit ihrer Phantasieauswahl, ihrem Phantasiethemenkreis oder ihrer ›Phantasierubrik‹ möglichst reibungslos ins Phantasieren hineinfinden, haben wir das ›Rundwünschen‹ entwickelt. Jedes Gruppenmitglied schreibt zum Schwerpunkt seinen Hauptwunsch als Satz auf ein Schreibmaschinenblatt und reicht das Blatt an den Danebensitzenden weiter, erhält dafür das Blatt des Nachbarn, läßt sich durch den Wunsch des Vorgängers anregen, indem es einen weiteren Wunsch hinzuschreibt. Die Blätter laufen einmal rund, das heißt, so lange bis jeder auf jedes Blatt einen Wunschsatz geschrieben hat. Die Sätze beginnen stets mit »Ich wünsche mir ...«. Dieses Rundwünschen hilft, die Phantasiegruppe zu gründen, also den Rahmen für einen gemeinsamen utopischen Entwurf zu schaffen.

Als Beispiel geben wir das Ergebnis des Rundwünschens einer Kleingruppe (evangelische Jugendpfleger) wieder; ihr ausgewählter Schwerpunkt war das Stichwort aus dem Brainstorming: ›ungegängelte Jugendarbeit‹.

Ich wünsche mir:

- Jugendarbeit als *Gegenerfahrung* zur Kälte, zum Streß, zur Ratlosigkeit.
- Jugendarbeit, in der man nicht nur über Liebe redet, sondern auch nach *Praxis* der Liebe sucht.
- daß in der Jugendarbeit das Anderssein und -denken als gleichberechtigt erlebt wird.
- Erfahrungen der Wärme, Nähe, des Zusammenseins, Angenommenseins, aber auch des Streites.

Phasenergebnis: Utopischer Entwurf

Lieferte uns das Phantasie-Brainstorming über das positiv umformulierte Kritikergebnis die Bausteine für das Fundament, so können wir jetzt den Konzeptaufbau mit Hilfe der ausgewählten Themenschwerpunkte beginnen. Wir erarbeiten uns in kleineren Gruppen (bis zu sieben Personen) einen ›utopischen Entwurf‹, in dem unsere Wunschvorstellungen zusammenhängend skizziert oder vielleicht sogar in einem prägnanten Projektvorschlag verdeutlicht werden.

Die Bürgergruppe – aus dem Beispiel ›Verkehrsberuhigung‹ – hat selbstverständlich nicht irgendeine beliebige Straße ausgestaltet, sondern sich bei ihrem ›utopischen Entwurf‹ auf eine wirkliche Straße in ihrem Viertel (in unserem Fall die Untertorstraße) konzentriert.

Als wir überlegten, wie man am besten vorgehen könnte, schlug ein Teilnehmer vor, das jetzige Aussehen der Straße zeichnerisch darzustellen und sie dann im gewünschten Zukunftszustand zu zeigen. Begeistert entwarf die Gruppe die Straßenutopie ›Untertorstraße‹.

Gegenwartszustand der Untertorstraße

Wunschzustand der Untertorstraße

- Plätze für Bürgerentfaltung
- Kinderspielflächen
- Fahrradzone, Autos zurückgedrängt
- Begrünung, Bäume, Brunnen
- Musik-, Theaterplattform
- Bürger- und Jugendhaus mit Kummerladen und Wunschkabinett

Präsentation der Phantasien und Utopien

Wir regen die Kleingruppen an, sich gegen Ende ihres gemeinsamen Phantasierens zu überlegen, wie sie allen an der Zukunftswerkstatt Beteiligten ihre Ergebnisse auf spannende Weise mitteilen können. Dem Erfindungsreichtum der Gruppen sind hierbei keine Grenzen gesetzt: vom Spielen kleiner pantomimischer Szenen über Comic- oder Bildvorstellungen bis hin zum Verlesen von Erlebnisgeschichten und Einbezug der Gesamtgruppe in das ›utopische Geschehen‹.

Bei dem Bemühen um plastische Darstellung darf jedoch nicht die inhaltliche Qualität leiden. Den Gruppen ist klarzumachen, daß es in erster Linie nicht um die Präsentation geht, sondern um die Bekanntgabe von Erdachtem und Entworfenem. Das bedeutet: Der gesamte Kleingruppenprozeß sollte fortlaufend schriftlich festgehalten und damit dokumentiert werden. Erst gegen Ende soll zusätzlich das Nachdenken über Möglichkeiten der Darstellung beginnen.

Phasenergebnis: Faszinierendes aus Utopien zusammentragen und auswählen

Nachdem sich die ganze Werkstattgruppe die Kleingruppenutopien angehört und angeschaut hat, wählt sie Ungewöhnliches, Neues, Spannendes und Faszinierendes daraus aus. Die Aufforderung lautet: »Was ragt aus dem vorgestellten Entwurf als besonders, überraschend und packend heraus? Nochmals! Denkt bei den Antworten noch nicht an die Verwirklichung, wir sind weiterhin in der Phantasiephase, uns interessieren Erfindungen, Ideen!«

Am besten wird das Faszinierende und Bemerkenswerte, das einzelne Mitglieder der Gruppe vorbringen, direkt durch Zuruf auf einer großen Papierbahn für alle sichtbar mitgeschrieben. Dies hat den Vorteil, daß der Moderator bei zu starken Verallgemeinerungen nachhaken kann. Nennt beispielsweise eine Teilnehmerin ›hierarchiefreien Raum‹ für einen selbstbestimmten Betrieb als tolle Idee, dann kann der Moderator fragen: »Wo genau gibt es Hierarchiefreiheit in dieser Utopie?«

So heißt es schließlich in der Korrektur: »Hierarchiefreie Gestaltung der Arbeit, z. B. durch eigene Zeiteinteilung, kollegiale Absprachen usw.«

Sind alle Ideen aus den einzelnen Utopien gesammelt, dann werden durch Punktvergabe oder durch Abklären in Kleingruppen die am meisten interessierenden utopischen Vorschläge herausgelöst. Mit diesem Fundus geht es in die Verwirklichungs- und Praxisphase, um dort zu prüfen, in welcher Form etwas des Gewünschten in die Realität hinübergerettet werden kann.

Zum Schluß möchten wir nochmals hervorheben, darauf hinzuwirken, daß bei der Auswahl der Nennungen nicht an unmittelbar Umsetzbares gedacht wird. Neuartiges, Ungewöhnliches, Überraschendes darf nicht sofort als irreal verworfen werden, sondern sollte als später, vielleicht sogar viel später zu Verwirklichendes angesehen werden.

Brainstorming-Regeln

Damit das Brainstorming erfolgreich verläuft, sind vier Grundregeln, die Alex F. Osborn, der Erfinder dieser intuitiv-phantasieanregenden Methode, aufgestellt hat, unbedingt zu beachten:

1. Kritik findet erst später statt, d. h., man enthalte sich jeglicher Kritik an den vorgebrachten Ideen. Auch Killerphrasen sind verboten – wie z. B.: »Geht nicht ...«, »Keine Zeit ...«, »Alles graue Theorie ...«, »Schön, aber ...«, »Quatsch ...«. Ebenso sind Entschuldigungsfloskeln zu vermeiden, wie »Es wird zwar lange dauer, aber ...«, »Glaubst du, es wäre möglich ...«, »Der Vorschlag mag wertlos erscheinen, aber ...«, »Ich verstehe davon nicht besonders viel, aber ...«
2. Freies Gedankenspiel ist willkommen und sollte gefördert werden. Je kühner die Einfälle, desto besser; es ist leichter, sie auf die Erde herunterzuholen, als sie ›hochzudenken‹.
3. Erwünscht sind möglichst viele Vorschläge. Je größer ihre Anzahl, desto wahrscheinlicher, daß unter ihnen ein Treffer ist.
4. Jeder Teilnehmer sollte versuchen, auf die geäußerten Ideen einzugehen, sie miteinander zu kombinieren, sie weiterzuspinnen und zu verbessern.

Zusammenfassung – Phantasiephase

Zielsetzung

- Zu Beginn der Phase an das Thema erinnern, jedoch dann nicht zu sklavisch daran festhalten, vielmehr ›freies Spiel‹ fördern.
- Herausgefilterte bzw. erarbeitete Kritik positiv umformulieren.
- Lösungsvorschläge zur Kritikaussage mit allen nur denkbaren phantastischen und kreativen Mitteln entwickeln.
- Einen utopischen Entwurf oder Phantasiestichworte erarbeiten.

- Zum Abschluß der Phase Faszinierendes und Originelles aus den Kleingruppen-Utopien, den Phantasie-Themenkreisen oder den Stichworten des Brainstorming auswählen, ohne an Chancen der Verwirklichung zu denken.
- Ideenbank für Vorschläge anlegen, die vorerst nicht behandelt werden.

Arbeitsstil

- Phantasiestimmung in der Gruppe durch Lockerungsübungen, wie Spiele oder freundlich-einladende Umgebung, schaffen.
- Die Brainstorming-Methode benutzen, um spannungsfrei und offen möglichst viele Ideen, Vorschläge und Wünsche herauszulocken. Spielregeln beachten:
  - Jede noch so absurde Idee ist zugelassen;
  - die Idee muß nicht realisierbar sein;
  - Quantität an Vorschlägen geht vor Qualität;
  - jede Idee darf und soll von anderen abgewandelt oder ergänzt werden;
  - es gibt keinen Besitzanspruch für eine Idee;
  - Kritik an den Ideen anderer ist verboten;
  - Logik und Vernunft kommen später.
- Aufpassen, daß die Phantasieatmosphäre nicht durch Kritik und Verwirklichungsdiskussionen zerstört wird.
- Damit sich die Kleingruppen bei ihrer Phantasie- und Entwurfsarbeit gut zusammenfinden, sich der Methode des ›Rundwünschens‹ bedienen.
- Kleingruppen anhalten, daß sie ihre Utopien auf jeden Fall auch aufschreiben, da bei der szenischen Präsentationsform nur grobe Umrisse deutlich werden.
- Zusätzlich beachten und darauf hinwirken:
  a) Sich kurz fassen, Äußerungen auf 30 Sekunden beschränken;
  b) Visualisierung der Beiträge in Stichworten;
  c) Teilnehmeraktivierung;
  d) Wechsel zwischen Plenum und Kleingruppen.

Vorgehensweisen in der Phantasiephase

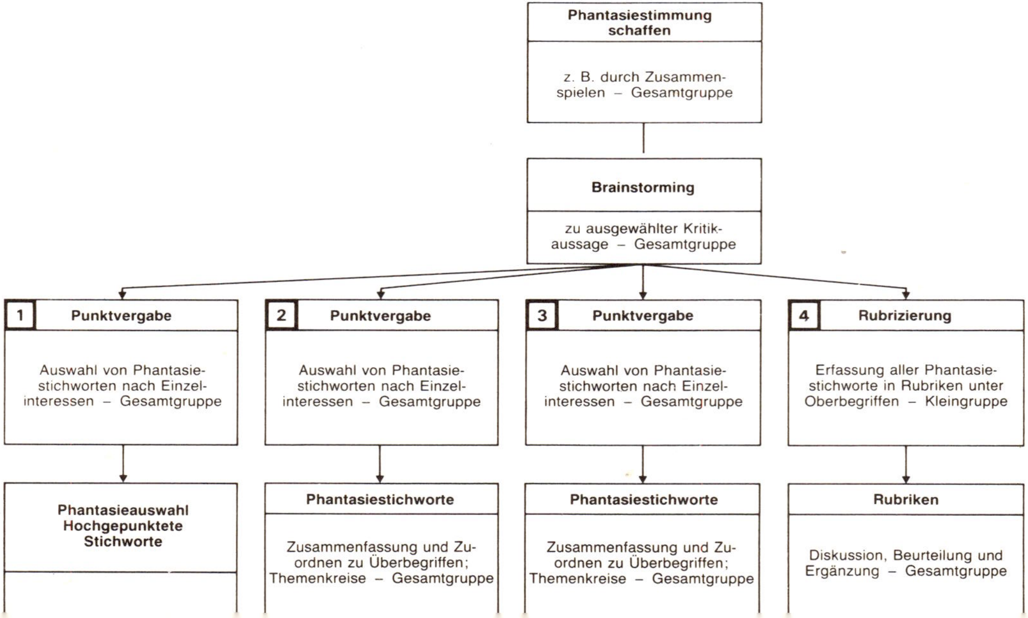

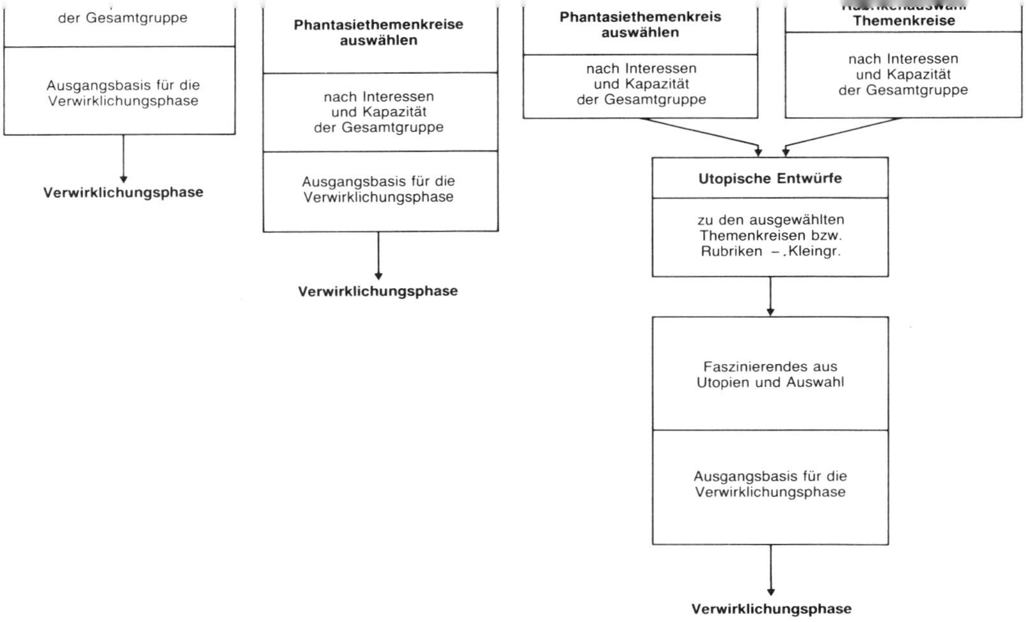
der Gesamtgruppe
Ausgangsbasis für die Verwirklichungsphase
Verwirklichungsphase
Phantasiethemenkreise auswählen
nach Interessen und Kapazität der Gesamtgruppe
Ausgangsbasis für die Verwirklichungsphase
Verwirklichungsphase
Phantasiethemenkreis auswählen
nach Interessen und Kapazität der Gesamtgruppe
Themenkreise
nach Interessen und Kapazität der Gesamtgruppe
Utopische Entwürfe
zu den ausgewählten Themenkreisen bzw. Rubriken –.Kleingr.
Faszinierendes aus Utopien und Auswahl
Ausgangsbasis für die Verwirklichungsphase
Verwirklichungsphase

Verwirklichungs- und Praxisphase

Von der erträumten zur gegenwärtigen Wirklichkeit

Der Moderator könnte die dritte Phase etwa so einleiten:

»Aus dem Himmel der Wünsche und Träume müssen wir jetzt zur Erde, zum Alltag zurückkehren. Das bedeutet keinen Verzicht auf das gemeinsam Erdachte, keine Resignation gegenüber den Schwierigkeiten der Durchsetzung. Vorhin brauchten wir Kühnheit und Schwung, jetzt brauchen wir Geduld und Durchblick. Das Auseinanderklaffen zwischen dem, was möglich sein sollte, und dem, was jetzt schon möglich ist, darf nicht zu nutzlosem Verzicht führen, sondern sollte Ansporn sein. Das meiste von dem, was wir uns ausgedacht haben, wird vielleicht erst viel später einmal konkrete Realität werden, wenn die von uns heute schon erkannten Notwendigkeiten noch drängender sind und dann sogar diejenigen, die heute noch humane und vernünftige Lösungen verhindern, ratlos fragen: Was sollen wir tun?

Wir drängen darauf: Fangt so bald wie möglich an!

Die Ergebnisse der Phantasiephase sind also nun mit den realen Bedingungen zusammenzubringen und auf Durchsetzungschancen hin zu untersuchen. Dazu müssen wir Maßnahmen situationsgerecht abklären und aktiv Schritte der Umsetzung einleiten. Jetzt wird das Sich-Kümmern um Machtverhältnisse, Gesetze und örtliche Gegebenheiten wichtig. Wir müssen nun die Verwirklichungsmöglichkeiten für das Erstrebte oder Teile davon eingehend prüfen. Hindernisse sind durch Aneignen von Sachkunde oder Befragen von Experten herauszufinden und mit viel Einfallsreichtum zu umgehen oder – falls das möglich ist – auszuräumen: stets mit dem Ziel einer Aktion oder eines Projekts.

Wie beim utopischen Entwurf spielt in dieser Phase – neben der nun endlich zum Zuge kommenden konstruktiven Kritik – die Phantasiewendigkeit eine große Rolle, um möglichst zahl-

reiche, neuartige, ungewöhnliche, bisher nicht begangene Wege und Umwege zu finden. Nur so kann man unter Umständen die Verwalter der Macht in Staat und Wirtschaft veranlassen, von ihren Regeln oder Plänen abzurücken und auf die Bedürfnisse der Bürger einzugehen. In vielen Fällen könnten solche Vorstöße die Notwendigkeit einer radikalen Veränderung geltender Gesetze offenbaren und deutlich machen, daß es geboten ist, sich umfassender politisch zu engagieren.«

Moderation in der Verwirklichungsphase

Der Moderator ist gefordert, die Gruppe zum Praktischwerden anzustoßen. Sein Einsatz entscheidet maßgeblich über den Ausgang. Er muß

- darauf achten, daß der **Bezug zum Thema** gegeben ist;
- **Sinn und Zweck** der Verwirklichungsphase anschaulich erläutern, Projekt als angestrebtes Ergebnis, Warnung vor Verzettelung, am Montag anfangen;
- gemeinsam mit der Gruppe einen **Zeitplan** aufstellen – für Auswahl und Prüfung, Strategie und Taktik, Aktion und Praxis;
- der Gruppe **angemessene Schritte** zur Verwirklichung hin vorschlagen.

Damit sich die Zukunftswerkstatt abrundet, muß der Moderator behutsam darauf hinwirken, daß sich die Gruppe tatsächlich mit Verwirklichungselementen auseinandersetzt. Es genügt nicht, wie in den ersten beiden Phasen, Kritik und Phantasie auszubreiten und sich dabei möglicherweise in eine Art Euphorie der Veränderungserwartungen zu steigern. Vielmehr wird jetzt die Reibung mit den oft widrigen politischen und ökonomischen Umfeldbedingungen unvermeidlich.

Verwirklichung heißt nicht unbedingt ein fertiges ›Produkt‹ mit nach Hause zu nehmen, aber zumindest eine Ahnung davon: vielleicht einen Projektumriß oder einen ersten Entwurf. Wiederum kann der Moderator viel helfen, indem er zunächst leicht erfüllbare Folgeaktivitäten vorschlägt:

z. B. Naheliegendes wie Adressentausch und Terminabsprache, aber auch Weitergehendes wie die verbindliche Aufarbeitung eines Aspekts der Lösung. Vor allem muß er immer wieder betonen, daß eine Arbeit an der Zukunft sich lohnt, ja notwendig ist, auch wenn sie vermutlich erst viel später einmal Wirklichkeit werden kann. Der Moderator muß auch Inspirator sein.

Damit die praktische Ebene überhaupt erreicht wird, ist es äußerst wichtig, den Zeitdruck zu meistern, unter dem viele Zukunftswerkstätten, aber besonders die Verwirklichungsphase stehen. Die richtige Zeitaufteilung entscheidet über den Ausgang der Werkstatt. Deshalb darf sich der Leiter auch nicht scheuen, mit Verweis auf den Zeitplan spannende Diskussionen abzubrechen und zum nächsten Schritt überzuleiten. Er sollte jedoch einen derartigen Eingriff begründen, auf die drohende Verzettelung hinweisen und die Gruppe selbst entscheiden lassen, indem er nochmals das Ziel der Gesamtphase erklärt und daran erinnert, daß man in irgendeiner Weise praktisch werden sollte. Er muß jedenfalls darauf hinwirken, daß man am Ende nicht mit leeren Händen dasteht, sondern etwas gemeinsam Erschaffenes vorzeigen kann – so unvollständig, vorläufig und skizzenhaft es auch aussehen mag.

Sind drei Stunden für die Verwirklichungsphase veranschlagt, dann werden ungefähr 45 Minuten für ›Prüfung‹, 30 Minuten für ›Strategie‹ und 60 Minuten für ›Aktion‹ gebraucht. Die restliche Zeit dient als Reserve, für Übergänge und Pausen. Diese Richtzeiten haben wir nur zur Orientierung angeführt, denn Temperament und Dynamik der Gruppe werden die Vorgaben meist erheblich verschieben: z. B. hin zu intensiven Strategieüberlegungen oder zum Hinundherpendeln zwischen Strategie und Aktion.

Verwirklichungsschritte

Was am Ende der Phantasiephase als faszinierend und herausragend ausgewählt wurde, muß jetzt vor der Wirklichkeit bestehen. Es beginnt ein mehrstufiger Übersetzungsvorgang, der zum Werkstattende hin zu Durchsetzungsvorschlägen führen sollte. Von unseren Entwürfen führen drei Hauptschritte zur Aktion:

1. Die von der Gruppe herausgelösten utopischen Entwürfe, Vorschläge, Erfindungen werden einer eingehenden **Prüfung** unterzogen und auf ihre Realisierbarkeit hin unter gegenwärtigen und noch zu schaffenden Bedingungen abgeklopft.
   Inwieweit lassen sie sich schon jetzt in Angriff nehmen? Gibt es bereits reale Ansätze in der gewünschten Richtung? Welche Hindernisse stehen ihnen entgegen? Welche Beharrungskräfte müssen überwunden werden? Wie beurteilen Fachleute, Wissenschaftler, Politiker ihre Erfolgschancen?
2. Je nachdem, wie die Antworten ausfallen und welche Abstriche von ihren ursprünglichen Zielen die Gruppe bereit ist hinzunehmen, wird ihre **Strategie** aussehen.
   Woran muß unbedingt festgehalten werden? Wie müßte vorgegangen und taktiert werden, um wenigstens Teile zu retten? Welche politischen und ökonomischen Voraussetzungen wären notwendig? Gibt es Bündnispartner, die für eine Unterstützung in Frage kämen? Soll man offen vorgehen oder so lange wie möglich ohne große Publizität arbeiten?
3. Wenn es die Gruppe mit ihrem Anliegen ernst meint, dann wird sie den Schritt zur **Aktion** wagen, d. h., sie wird einen Versuch oder ein Experiment beginnen, in dem sie ihre Neuerungen, Vorstellungen, Utopien im einzelnen ausfüllt und erprobt.
   Was muß bei einem solchen Unternehmen bedacht werden? Wie sieht es mit der Finanzierung aus? Wer engagiert sich und mit welchem Einsatz? Wie wird Öffentlichkeit hergestellt? Welche Repressalien sind zu befürchten, und wie ist ihnen zu begegnen? Welche Absicherungen des Projekts sind möglich, welche sollten vorgenommen werden?

Prüfmöglichkeiten

War in der Phantasiephase das Hinterfragen der geäußerten Ideen und Einfälle verboten, so kommt jetzt das kritische Ab-

wägen und Einschätzen voll zum Zuge. Wir stellen uns den realen Gegebenheiten.

Für Prüfung und Auswahl der Phantasieresultate bieten sich verschiedene Möglichkeiten an:

- Wir stellen unsere ›utopischen Entwürfe‹ *Politikern* oder *Experten* vor und fragen nach ihrem Urteil: Welche Ideen sie sofort verwerfen und welche sie als überlegens- bzw. erwägenswert erachten würden; lassen uns aber nicht durch deren Einwände entmutigen, sondern betrachten sie als Herausforderung.

- Wir setzen *Sachkunde* und *Kenntnisse* ein – z. B. durch Nachlesen in der Fachliteratur, Besuche bei Personen und Gruppen, die auf dem betreffenden Gebiet arbeiten, Anfragen bei öffentlichen Stellen, Heranziehen von Fachleuten.
- Wir werten unsere Entwürfe *tabellarisch* aus, indem wir sie Satz für Satz durchgehen, alle uns wichtig erscheinenden Vorschläge und Erfindungen herausziehen und in einer Liste untereinanderstellen. Soweit wir Projekte oder Experimente kennen, die bereits durchgeführt wurden und hierher passen, werden sie neben die Eintragungen geschrieben. Diese Verwirklichungsansätze geben uns unter Umständen einen Hinweis, wie wir unsere Lösungswünsche voranbringen können. Wir wollen also nicht bereits Vorhandenes nachahmen, sondern es als Anregung für unser eigenes Projekt benutzen, weitergehen, etwas Neues schaffen. Zur Verdeutlichung zeigen wir einen Tabellenauszug aus einer Werkstatt über ›Leben und Arbeiten sind miteinander verbunden‹.

Erfindungen	Ansätze zur Verwirklichung
Spezialisten geben ihre Erfahrungen weiter	Rotation der Arbeiten in Handwerkskollektiven/ Landkommunen – Alternatives Vorlesungsverzeichnis
arbeiten und leben im Kollektiv	Produktions- und Landkommunen, Wohngemeinschaften
Dreckarbeit ist eine Ehre	–
überschaubare Lebens- und Arbeitsgemeinschaften	Kommunen (im vergangenen Jahrhundert) – Hutterer – The Farm – Twin Oaks
Dorf wie eine Blume angelegt	–
autark leben	Eskimos

- Aus einer solchen Tabelle können auch alle Vorschläge gestrichen werden, die der Gruppe *im Augenblick* als zu unrealistisch oder nicht weiter verfolgenswert erscheinen. Was nach dieser Prüfung übrigbleibt, bildet die Ausgangsbasis für die Erörterung der Strategien und Verwirklichungsschritte.
- Wenn die Zeit drängt, kann auch mit der *Punktevergabemethode* gearbeitet werden. Bei Phantasiethemenkreisen als Ergebnis der Phantasiephase können die Punkte direkt auf die Stichworte verteilt werden. Bei utopischen Entwürfen wird jeder Teilnehmer aufgefordert, den von ihm bevorzugten Aspekt anzugeben.
  Beispiel *Themenkreise:* Die Bürgergruppe ›Verkehrsberuhigung‹ wählte wegen der verhältnismäßig leichten Verwirklichung die Idee ›Gratis-Fahrräder‹ im Gemeindebesitz‹ zur genaueren Ausarbeitung. An zweiter Stelle folgte der Vorschlag ›Info-Säulen und Beschwerde-Ecken‹. Auch dafür interessierte sich eine eigene Arbeitsgruppe.
  Beispiel *utopische Entwürfe:* Die Gruppe wählte den Punkt ›Fahrradzone, Autos zurückgedrängt‹. Dabei wurde besonderes Gewicht auf die Ausarbeitung von Maßnahmen zur Verkehrsberuhigung gelegt.

Praktisches Vorgehen: Einen Projektvorschlag entwickeln

Um den Weg zurück in die Realität zu finden, haben sich drei Stufen bewährt, die das Konkretwerden erleichtern. Für die faszinierenden Ideen werden zunächst Näherungen und Ansätze gefunden, um daran anschließend Forderungen aufzustellen, von denen dann weiter einige in Projekte überführt werden. Im einzelnen sehen die Stufen folgendermaßen aus:

1. Das ausgewählte Phantasieergebnis wird von der Gruppe dahingehend begutachtet, ob es in irgendeiner Form bereits **Entsprechungen, Ansätze oder Näherungen** in der Wirklichkeit gibt. Das Nennen von Beispielen, die in eine ähnliche Richtung weisen, kann Anhaltspunkte auf dem ›beschwerlichen‹ Weg zur Verwirklichung hin liefern.

Beispiel: Als faszinierend aus den Utopien hatte eine Gruppe Familienfürsorger/innen ›singende Abstimmung‹ gewählt. Als Annäherungen an bereits Bestehendes nannte sie: Lust und Freude an der Arbeit in selbstbestimmten Betrieben; Karnevalssitzungen; Italiener singen beim Arbeiten.

2. Um sich der Wirklichkeit weiter zu nähern, formuliert die Gruppe zu ihrem Phantasieergebnis auf das Thema der Werkstatt bezogene **Forderungen.**
   Das erleichtert den Brückenschlag zur Gegenwart: Forderungen tragen Gewünschtes in sich, zielen jedoch bereits auf Machbares.

   Beispiel: Die Gruppe leitete für ihre Arbeit, angeregt durch den verrückten Vorschlag ›singende Abstimmung‹, eine Reihe konkreter Forderungen her:
   a) Damit unsere Arbeit Spaß macht, müssen wir frei über einen eigenen Etat verfügen können.
   b) Die Vorgesetzten müssen regelmäßig mit vor Ort arbeiten, damit sie sehen, wie sie durch ihre Vorschriften Frust erzeugen.
   c) Im Amt soll mehr Farbe, Freundlichkeit, Fröhlichkeit, Offenheit herrschen: eine warme Atmosphäre für die dort Arbeitenden und Besucher/innen.
   d) Der bürokratischen Gängelung muß Selbstbestimmung weichen; jede/r tut seine Arbeit aus Überzeugung.
3. Eine der Forderungen, die der Gruppe entgegenkommt, wird schließlich zu einem **Projekt** verdichtet, zu einem ersten kleinen Anfang. Ein Frageraster, das der Gruppe verbindlich vorgegeben wird, unterstützt das Praktischwerden:

Was will ich/wollen wir (morgen) anfangen? **Wie** soll es angefangen werden? **Wer** kann dabei helfen? **Wo** soll es Gestalt annehmen? **Wann** genau werden die ersten Schritte unternommen?

Beispiel: Die Gruppe ›Familienfürsorger/innen‹ einigte sich auf die Forderungen c) und d). Folgendes Projekt wurde umrissen: Was? – ›Offener Tag‹ im Amt
Wie? – Jeden Monat wird von einer Kleingruppe ein solcher Tag vorbereitet und gestaltet, an dem z. B. Besucher/innen bewirtet werden und Arbeiten so erledigt werden, daß sie Spaß machen; die Räume erhalten ein einladendes Aussehen durch Farbe und Umgestaltung.
Wer/Mit wem? – Familienfürsorgerinnen und Amtspersonal – nach Absprachen mit Amtsleitung und Gewerkschaftsvertretung
Wo? – im Amt
Wann? – a) Vorbereitungstreffen nächste Woche
b) Erster ›offener Tag‹ im September

Ergebnisse

Wenn das Verwirklichungsziel mit einer dieser Möglichkeiten eingekreist ist, heißt es mit viel Phantasie und Kreativität zu überlegen, wie man ihm näher kommt. Das geschieht am besten in Kleingruppen, in denen Durchsetzungsvorschläge erdacht werden. In einer Abschlußdiskussion sollten alle Werkstattmitglieder die Vorschläge zu einer ersten Aktionsplanung oder Projektempfehlung zusammenfügen. Oft wird aus Zeitmangel dieses Ziel nicht erreicht. Man wird sich dann auf einen Forderungskatalog beschränken. Forderungen sind eine wichtige Vorstufe für die Realisierung. Sie stellen die Weichen zur Praxis hin. In einer Nachfolgezusammenkunft sollte die Gruppe einige Forderungen, die ihren Absichten entsprechen, heraussuchen und zu Projekten, also zu etwas Umsetzbarem fortentwickeln.

Beispiel für einen Forderungskatalog, der während einer Zukunftswerkstatt zum Thema ›Einflußchancen bei Planung und Einführung neuer Technik im Büro‹ entstand:

- Projektgruppen entwickeln Gegenvorschlag zum Betriebsvorschlag, gesetzlich absichern, finanziell unterstützen;
- (kritische) Wissenschaftler/Informatiker unterstützen Gewerkschaften/Arbeitnehmer;

- Taylorisierung der Bürotätigkeiten ist zu verhindern, Parallelen zu Entwicklungen in der Produktion, frühzeitig Gegenmaßnahmen;
- ständige Höherqualifikation, Arbeitsinhalte erhöhen;
- Zusammenarbeit von Projektgruppen mit dem Betriebsrat;
- Betriebsvereinbarungen abschließen;
- Ausbau der gesetzlichen Möglichkeiten wirtschaftlicher Mitbestimmung;
- Arbeitsplätze dürfen nicht durch Einführung neuer Technologie verlorengehen;
- Praxis der Wissenschaft ist an den Bedürfnissen zu orientieren, Kontakt zum Menschen;
- nur überschaubare Systeme entwickeln;

Palette von Darstellungsweisen

oder: Wie wir die Produkte der Werkstattarbeit uns und anderen (vor-)zeigen können . . .

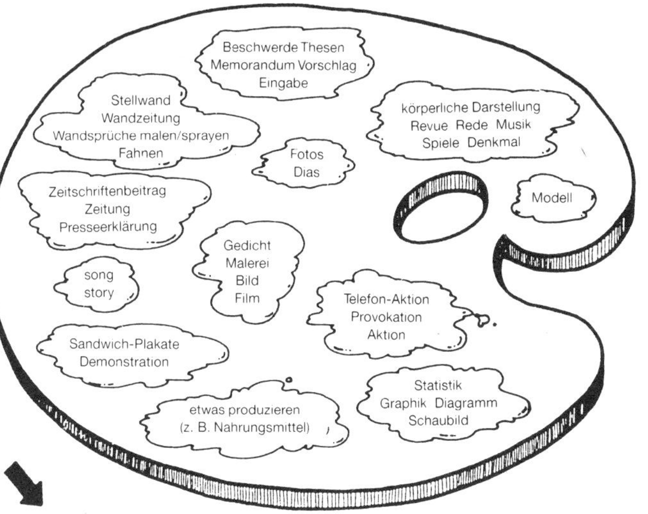

NICHTVERGESSEN. EINE ADRESSENLISTE FUR SPATERE KONTAKTE ANFERTIGEN!

- Informatik verändern, gesellschaftliches Anliegen aufnehmen;
- Betroffene und Vorgesetzte müssen sensibler und frühzeitig aufgeklärt werden;
- Ausbildung der Ingenieure/Informatiker zu sozialem Bewußtsein und sozialer Verantwortung;
- Gutachterausschüsse zur Vergabe von Mitteln des Bundesministeriums für Forschung und Technologie sind aus unabhängigen Experten zu bilden;
- Forschungsmittel sind an konkrete betriebliche Aufgaben zu binden.

Beispiel: Werkstattendphase

Wie die Endphase ablaufen kann, möchten wir an einer Zukunftswerkstatt mit Pädagogikstudenten beschreiben. Die Gruppe hatte sich in der Phantasiephase mit ›Zwischenmenschlichen Beziehungen‹ befaßt, und im Laufe des Prüf- und Auswahlprozesses war das Thema ›Humor, Freude, Spaß haben, lachen‹ in den Mittelpunkt der Verwirklichungsdiskussion gerückt.

Um diese Thematik klarer zu fassen, wurde gefragt:

Wie können wir in Seminaren Spaß haben und Humor in sie hineintragen? Ihre Antworten:

- das Seminar mit Spielen beginnen;
- den Raum mit Blumen schmücken, anders einrichten, auf dem Boden sitzen;
- Seminararbeiten so anfertigen, daß sie die Routine sprengen;
- gar keine Seminare veranstalten;
- Vorträge in Form von Sketchen, Filmen, Hörspielen;
- Routine immer wieder durchbrechen (auf allen vieren kriechen);
- selbst etwas riskieren, die Grenzen der Konvention aushöhlen;
- offen aussprechen, was man empfindet;
- nicht alles so ernst nehmen, indem man z. B. einen ›Hofnarren‹, den Seminarnarren, einführt;

- Seminar an verschiedenen Orten, im Grünen, im Bad;
- gemeinsam Essen gehen, sich kennenlernen, auch privat;
- jede(r) startet eine Aktion, lädt z. B. die Teilnehmer zu sich nach Hause ein, bringt etwas mit, regt zu etwas Gemeinsamem an (z. B. Baum, Blume pflanzen oder pflegen).

Schon während des Sammelns fing die Gruppe an, darüber zu reden, wie sich diese Absichten verwirklichen ließen. Bald wurden Strategien erörtert und neue Forderungen ausgesprochen: Seminare dürften nicht vor sich hinvegetieren, sondern müßten Bezüge zur Aktualität herstellen – Meckerecke und Pinnwand für Nachrichten – nicht nur Themen abhandeln, sondern Zusammenhänge erarbeiten – ein Seminarprojekt starten, das auch nach außen wirkt. Nachdem eine Weile über Möglichkeiten gesprochen worden war, wie zwischenmenschliche Beziehungen in Seminaren verbessert werden könnten, erkannte die Gruppe: man müsse selbst etwas tun; sich tolle Sachen auszudenken genüge nicht.

Was tun? Bei dieser Frage tat man sich schwer. Abgesehen von spontanen Erklärungen, daß eine Teilnehmerin ihren Unterricht umkrempeln, persönlicher gestalten wollte, daß ein Teilnehmer ein ganzes Seminar in Form einer Zukunftswerkstatt anzulegen und durchzuführen gedenke, herrschte Betretenheit. Altbekannte Bedenken brachen hervor. Als einzelner sei es schwierig, gegen die um sich greifende Vereinzelung an der Universität vorzugehen. In den Seminaren säßen gerade die Schaffer, und auch die Professoren seien sehr unbeweglich: Man würde bei aufstachelnden Aktionen nicht ernst genommen, vielmehr zum Gespött.

Trotz dieser Bedenken waren sich alle einig, daß etwas geschehen müsse, sonst könne man bald auch ›Roboter‹ immatrikulieren. Die Gruppe müßte etwas gemeinsam unternehmen, eine Aktion vorbereiten, z. B. ein bestimmtes Seminar unterwandern und dort Freundlichkeit, Humor, Zwischenmenschlichkeit praktizieren.

Um diese Absichtserklärung nicht versanden zu lassen, beschloß die Gruppe, sich in zwei Wochen erneut zu versammeln. Da bei dem Nachfolgetreffen auch einige Lehrpersonen anwesend waren, ließ sich verhältnismäßig leicht ein Projekt starten: ›Das andere Seminar‹. Eine Projektgruppe – zusammengesetzt aus Studenten und jüngeren Dozenten – nahm sich vor, zunächst versuchsweise für das kommende Semester ein Seminar zu planen, das aus dem üblichen Rahmen fallen sollte. Erste Ideen: reisendes Seminar; Seminar zu Hause mit Frühstück; Seminar vor Ort, im Betrieb usw.

Weiterarbeit

Wie auch immer die Werkstatt endet, engagierte Teilnehmer oder der Leiter sollten es übernehmen, ein Protokoll mit möglichen Nachfolgeaktivitäten anzufertigen, das alle Teilnehmer mit der Bitte zugeschickt bekommen, ihre Meinung zu den Vorschlägen auszudrücken und mitzuteilen, ob sie an einem erneuten Treffen interessiert sind. Macht die Gruppe weiter, beginnt sie mit der Verwirklichung ihres Projekts, dann entsteht eine ›permanente Werkstatt‹, in der immer wieder einzelne Phasen der Zukunftswerkstatt eingeschoben werden, um die auftauchenden Hindernisse mit immer neuen Einfällen zu überwinden.

Erfolgsmaßstab

Der Erfolg einer Werkstatt ist natürlich nicht allein an ihren Projektvorschlägen oder Forderungskatalogen zu messen, sondern auch an dem, was in den Köpfen und im Verhalten der Teilnehmer nachwirkt.

In der Gruppe entsteht oft eine wahre Euphorie: Pläne werden geschmiedet und Absichtserklärungen abgegeben. Es ist, als habe man endlich in eine Mauer Fensterlücken gebrochen und durch sie einen neuen Horizont gesehen. Das ist ein Erlebnis, das man nicht vergessen kann. Es kann frustrieren und quälen, weil Vorstellung und Wirklichkeit so weit auseinanderklaffen, aber man wird nicht mehr so einfach stillhalten, denn man hat am eigenen Leibe erfahren, daß es auch anders geht.

Es ist ein ganz entscheidender Unterschied, ob jemand Vorstellungen von besseren Verhältnissen durch das Lesen eines Buches, das Anhören eines Vortrages, das Anschauen eines Films erfährt oder aber als gleichberechtigter Teilnehmer eines lebendigen Gesprächskreises, der sich gemeinsam um die Schöpfung eigener Konzepte bemüht.

Man hängt an solchen selbsterzeugten Entwürfen wie an den eigenen Kindern und kämpft dafür, daß sie ihren Weg machen. Wenn das nicht möglich ist, weil Gesetze, Machtstrukturen, zeitbedingte Sachzwänge die Durchsetzung verhindern, so wird zuerst nach Freiräumen und Umwegen gesucht werden, die das angeblich ›Nicht-Machbare‹ doch ermöglichen. Geht auch das nicht, so wird mancher Teilnehmer einer Zukunftswerkstatt, auch wenn er bis dahin ›unpolitisch‹ war, nun auf eine ganz persönliche Weise motiviert, für notwendige, grundlegende Veränderungen einzutreten.

Zusammenfassung – Verwirklichungsphase

Zielsetzung

- Auf den Bezug zum Thema der Werkstatt bei den Verwirklichungsvorhaben der Gruppe achten.
- Die utopischen Vorstellungen bzw. Erfindungen mit den realen Bedingungen zusammenbringen und auf ihre Durchsetzungsmöglichkeiten hin prüfen, Maßnahmen strategisch abklären und aktive Schritte der Umsetzung ergreifen.
- Das Auseinanderklaffen zwischen Vorhaben und Wirklichkeit erfahren, gesellschaftlich-ökonomische Zusammenhänge und Hemmschwellen erkennen, politisiert werden.
- Eine Zukunftswerkstatt möglichst mit einem Projekt oder einer Aktion beenden.
- Zielgerichtet auf ein Projekt hinwirken:
  1. Entsprechungen, Ansätze, Näherungen in der Wirklichkeit finden,
  2. Forderungskatalog aufstellen,
  3. Forderung zu einem Projektumriß verdichten nach den fünf W: Was – Wie – Wer/Mit wem – Wo – Wann?

Arbeitsstil

- Einfallsreichtum der Gruppe für die Durchsetzungsschritte nutzen, z. B. ein Brainstorming über Strategie und Aktion durchführen.
- Sich Sachkunde erarbeiten, Experten heranziehen, ähnlich gelagerte Projekte besuchen.
- Hinweise aus dem Kapitel ›Kritikphase‹ beachten:
  a) Sich kurz fassen, Äußerungen auf 30 Sekunden beschränken;
  b) Visualisierung der Beiträge in Stichworten;
  c) Teilnehmeraktivierung;
  d) Wechsel zwischen Plenum und Kleingruppen.

Vorgehensweise

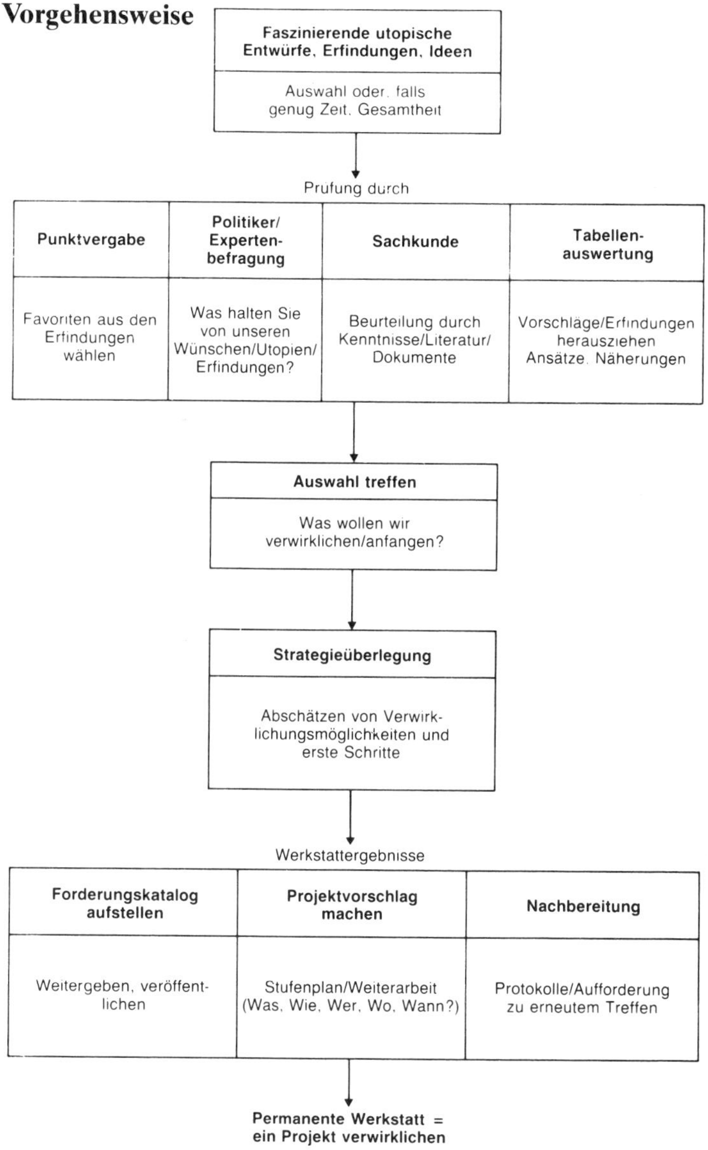

IV.
Wie sich Teilnehmer wandeln

Was hilft und was hindert

Nach der Beschreibung der einzelnen Phasen wissen wir jetzt, wie wir in einer Zukunftswerkstatt schrittweise dem unbefriedigenden Gegenwartszustand unsere Idealvorstellungen entgegensetzen und daß wir erst nach Verwirklichungswegen fragen, wenn wir uns die Wunschzukunft eingerichtet haben. Damit dieser Prozeß von der kritischen Bestandsaufnahme über Lösungseinfälle zu Projektvorhaben möglichst erfolgreich ablaufen kann, empfehlen wir, vor allem darauf zu achten, daß

- der Werkstattort einladend und ruhig ist; es Möglichkeiten gibt, sich in Kleingruppen zurückzuziehen;
- die notwendigen Werkstattutensilien vorhanden sind und für das körperliche Wohl gesorgt ist;
- besonders anfangs nichts überstürzt wird, sondern für das Miteinander-Bekanntwerden Zeit zur Verfügung steht;
- man sich an die drei Phasen hält, aber die Zwischenschritte von der jeweiligen Entwicklung abhängig macht;
- das Thema der Zusammenkunft im Eifer des ›Werkens‹ nicht verlorengeht, was besonders für die Kritik- und Verwirklichungsphase gilt, für die Phantasiephase jedoch nur in abgeschwächter Form;

- in der Kritikphase keine Grundsatzdiskussionen stattfinden, Stichwortnennungen im Vordergrund stehen;
- in der Phantasiephase eine gelöste Stimmung herrscht und keine Gedanken auf Realisierungsmöglichkeiten verschwendet werden dürfen;
- bei Durchsetzungsüberlegungen Sachkunde zu Rate gezogen wird, doch nicht so, daß die Entwürfe von der Realität sofort erdrückt werden;
- Verwirklichungsschritte mit aller verfügbaren Vorstellungskraft ausgelotet werden;
- Interessierte versprechen, von der Gruppe ausgearbeitete Lösungen weiterzuverfolgen – möglichst bis zu einem Projekt oder einer Aktion;
- über die Weiterarbeit regelmäßig berichtet wird – nicht nur gruppenintern, sondern auch einer breiteren Öffentlichkeit gegenüber.

Schon mehrfach haben wir erwähnt, daß die Mitarbeit in Zukunftswerkstätten an den Teilnehmern selten spurlos vorübergeht, daß das Werkstatterlebnis zumindest zum Nachdenken und Nachfragen herausforderte. Im folgenden haben wir die Auswirkungen zusammengestellt, die uns besonders aufgefallen sind.

Was die Arbeit in Zukunftswerkstätten bewirken kann:

- Menschen aus unterschiedlichsten Erfahrungs- und Lebensbereichen kommen miteinander ins Gespräch;
- gegenseitiges Verstehen wird gefördert, man lernt sich ›persönlich‹ kennen;
- tiefer gehende Auseinandersetzungen mit drängenden Fragen kommen zustande;
- eine Politisierung findet statt;
- man wird sich der eigenen Situation, der Lebensumstände bewußt;
- eine andere Einstellung zur eigenen Tätigkeit entsteht;
- das Finden von Gemeinsamkeiten statt des Austragens von Kontroversen prägt die Arbeit;

- ein Gruppenkonsens wird erarbeitet;
- ein Gruppengefühl entwickelt sich, Isolation wird durchbrochen;
- das Engagement, etwas zu unternehmen, wird geweckt;
- die Grenzen des eigenen Wollens werden erkannt;
- praktische Veränderungen im Alltag folgen, besonders der Mut zum Engagement und Aktivwerden wächst;
- durch das ›Zusammenwerken‹, durch die vielfältigen Abstimmungs-, Einigungs- und Auswahlprozesse wird demokratisches Verhalten geübt;
- oft überraschend wird die Kraft von Wunsch- und Phantasiefähigkeit wiederentdeckt;
- die Stimmung und der Enthusiasmus in der Gruppe beflügeln und reißen mit;
- das Erlebnis, etwas gemeinsam erdacht und entwickelt zu haben, stärkt Hoffnungen;
- die zeitweilige Freiheit zum Blödeln, Spinnen, Phantasieren und Fabulieren stimuliert auch über die Zukunftswerkstatt hinaus – Utopie-Euphorie;
- unterdrückte Fähigkeiten und Kräfte kommen zum Vorschein;
- das Selbstwertgefühl wird gestärkt;
- neue Sichtweisen und Möglichkeiten ergeben sich;
- die Intensität der Auseinandersetzung mit gesellschaftlichen Problemen ist stärker als bei üblichen Diskussionsveranstaltungen;
- Selbstbestätigung und Vertrauen in die eigene Kraft werden gestärkt;
- ungewöhnliche, überraschende Problemlösungen werden gefunden;
- das freundlich-harmonische Miteinander-Umgehen, das Sich-Öffnen-Können, das Wohlfühlen bei einer zielgerichteten Tätigkeit kann therapeutisch wirken.

Das Panorama möglicher positiver Wirkungen unterstreicht, daß die Werkstatt-Tätigkeit nicht nur eine weitere Problemlösungsmethode sein will, sondern daß sich aus ihr nachhaltige Folgen ergeben können, die über das Zusammenwerken hinausreichen, den persönlichen Lebensstil beeinflussen, zum aktiven Eintreten für Veränderungen führen.

Natürlich kann auch eine Reihe **Schwierigkeiten** auftreten, denen man – soweit es geht – frühzeitig begegnen sollte:

- Die Teilnehmer halten sich nicht an die Regeln – Umschlag zu einer zukunftsorientierten Diskussion;
- der Leiter findet keine rechte Einstellung zur Gruppe – Autoritätsprobleme;
- Zeitbegrenzungen stören den Fluß, erlauben kein Ausreifen;
- Zusammenfassungs- und Auswahlschwierigkeiten – vor allem in der Kritik- und Phantasiephase – beeinflussen die Gruppenstimmung;
- der Leiter gerät in die Rolle eines Antreibers und Zeitmeisters;
- Schwierigkeiten ergeben sich sowohl bei der Konkretisierung der Utopie als auch bei der Entwicklung von Durchsetzungsstrategien;
- bei großen Gruppen lassen sich die Phasen schwer auseinanderhalten; Kritik, Phantasie und Lösung vermengen sich;
- wenn einzelne nicht zu Wort kommen können – besonders in größeren Gruppen – entstehen Frustrationen;
- Teilnehmer bringen es nicht fertig, ernsthaft zu spekulieren oder zu phantasieren;
- Umsetzungsfragen werden durch ungenügenden Wissensstand vernachlässigt;
- die ›Es-geht-doch-nicht‹-Einstellung hemmt den Phantasierausch der Gruppe;
- gruppendynamische Probleme verhindern eine offene Atmosphäre – Homogenität bzw. Heterogenität, Nörgler und Chaoten, Langredner und Hinterfrager;
- Ergebnisse der Werkstatt bleiben liegen, es kommt zu keinen Nachfolgeaktivitäten.

AUF DEN MODERATOR KOMMT ES AUCH AN

Aus dem grundsätzlichen Anliegen von Zukunftswerkstätten bestimmt sich die Rolle der Moderatoren. Wer eine Zukunftswerkstatt anleitet, dem obliegt es, Teilnehmerinnen und Teilnehmer so anzuregen und zu aktivieren, daß sie

- die Kritik zum Problem präzisieren und auf eine für alle Beteiligten annehmbare Grundlage stellen;
- soziale Phantasie und Kreativität entwickeln – durch Ausbreiten von Gegenentwürfen, sozialen Erfindungen, konkreten Utopien und Ideen;
- sich öffnen für Neuartiges durch Werken, Experimentieren, Formulieren, Konstruieren, Malen, Bauen usw.;
- über Phantasien und Zukunftsvorstellungen nicht das Zurückfinden in die Wirklichkeit vergessen, dadurch Handlungsaussichten entdecken;
- Selbstwertgefühl, Selbstbestimmung, Selbstorganisation erfahren, damit Humanisierung und Demokratisierung allgemein fördern.

Wir sehen den Moderator als **Anreger, Stütze und Hilfe** in einer Person. Er versucht, die Gruppe dazu zu befähigen, daß sie zu überraschenden, bisher ungewohnten Sichtweisen und so vielleicht zu bisher nicht gesehenen Lösungen gelangt. Durch Fragen, Eingehen auf die Gruppe und behutsames Bestärken kann er die Teilnehmer mitreißen. Auf diese Weise erhält das in jedem einzelnen vorhandene Potential eine Chance, hervorzukommen und zu wirken. Der Moderator als Ideenhelfer schafft das notwendige Klima, in dem Neues aufzublühen vermag. Dabei muß er auf das Einhalten der Werkstattregeln achten, ohne die Gruppe zu stark zu gängeln. Seine Funktion ist mit der eines sanften Geburtshelfers vergleichbar.

Für uns ist es wichtig, daß sich der Moderator immer wieder klarmacht: Er hat die **Rolle des Spielleiters** inne, der selbst über keine Patentrezepte verfügt und sich auch nicht als ›überlegener‹ Experte versteht. Er leitet die Gruppe an, ›ihren‹ Weg zu finden:

- wie methodisch vorzugehen ist, z. B., indem zeitweilig nicht diskutiert wird;
- wie Auswege entdeckt werden können, z. B., indem Wünschen einmal freier Lauf gelassen wird;
- wie ein Sich-Verzetteln zu vermeiden ist, z. B., indem am Greifbaren gewerkt wird.

Lösungen erwachsen aus dem Gruppenprozeß und nicht durch die Kenntnisse des Moderators. Wir empfehlen sogar, daß er sich inhaltlich soweit wie möglich zurückhält. Bei Unstimmigkeiten ist dann seine Position als **Schlichter** leichter. Natürlich kann der Moderator in Kleingruppen mitarbeiten, doch sollte er sich dort in jeder Hinsicht bescheiden; denn, ob er es will oder nicht, er verkörpert in der Gruppe durch seine leitende Funktion eine Autorität.

Über das Gelingen einer Werkstatt entscheidet mit, daß nicht Einzelpersonen dominieren, sondern sich alle Anwesenden beteiligen können. In der Gruppe muß sich mit dem Voranschreiten die Einsicht durchsetzen, daß alle Mitglieder an einem Strang ziehen. Dadurch erst vereinen sich die vorhandenen Kräfte zu hoffnungsvollen Alternativen. Damit eine solche Gruppenhaltung entsteht, wird vom Moderator viel **Geduld und Einfühlungsvermögen** verlangt, aber unter Umständen auch angemessenes Einschreiten und Durchgreifen, wenn die Werkstatt aus dem ›Kurs‹ zu geraten droht.

Erst nach und nach haben wir beim Anleiten von Zukunftswerkstätten gelernt, stets aufmerksam zuzuhören und immer wieder durch Aufgreifen des Gesagten und durch Weiterfragen anzuspornen. Wir haben gelernt, vor allem denen zuzuhören, die sich nur unklar äußern. In solchen Beiträgen sind oft besonders originelle Gedanken enthalten, die bei Ungeduld schon im Keime erstickt würden.

Einfühlsames Eingehen auf andere fällt hauptsächlich Intellektuellen schwer. Sie sind an das schnelle Verfertigen der

Gedanken beim Reden gewöhnt, an klar und präzise formulierte Diskussionsbeiträge. Doch diese verbale Gewandtheit hat nicht nur ihre positive Seite. Sie beeindruckt die weniger Geübten oft so sehr, daß sie aus einem Gefühl des sprachlichen Unvermögens heraus nichts zu sagen wagen.

In einer Zukunftswerkstatt sind daher besonders die ›Sprachlosen‹ zu Meinungsäußerungen zu ermuntern. Das ist eine sehr wichtige Aufgabe des Leiters. Er muß klarmachen, daß der Inhalt einer Aussage wichtiger ist als ihre Form, daß man stotternd durchaus Nützlicheres vorbringen kann als in gestochener Sprache. Der Moderator sollte sich die Haltung des Sokrates zum Vorbild nehmen, der sich als ›Hebamme‹ der Gedanken anderer verstand.

Erst wenn alle Teilnehmer merken, daß sie vom Leiter, aber auch von den ›Gebildeten‹ in der Werkstattgruppe für voll genommen werden, riskieren sie es, sich so zu geben, wie sie sind, nicht nur bereits Bekanntes nachzuplappern, sondern ihre ganz eigenen Meinungen oder Ideen vorzutragen.

Da die soeben vorgetragenen Grundsätze immer wieder unbeachtet bleiben, fassen wir sie noch einmal zusammen.

Der Moderator

ist gut mit der Methode und ihren Varianten vertraut, sorgt für eine entspannte Atmosphäre und hält alle notwendigen Hilfsmittel bereit;

nimmt sich selbst zurück, wirkt durch Motivieren und Anregen, durch nie verzagendes geschicktes Fragen und stetes Bereitsein zu beratendem Helfen;

nutzt nur dann seine Autorität und Leiterfunktion, wenn wichtige Spielregeln verletzt werden.

Der ›Walesa-Effekt‹

Als wir mit den Zukunftswerkstätten begannen, dachten wir vorwiegend an eine notwendige Verbreitung und Erweiterung der schöpferischen Kräfte in der Gesellschaft. Weshalb sollten die Lösungen der Zukunftsprobleme, die durch den schnellen Wandel in diesem Jahrhundert entstanden sind, nur einer Elite überlassen bleiben und die schöpferischen Fähigkeiten der großen Mehrheit brachliegen?

Und in der Tat melden sich in den Zukunftswerkstätten immer wieder Persönlichkeiten zu Wort und beginnen sich zu profilieren, deren Fähigkeiten bis dahin unbeachtet geblieben waren.

Wir möchten dieses Phänomen den ›Walesa-Effekt‹ nennen, weil Figur und Schicksal des aus der Masse der polnischen Arbeiter aufgetauchten Gewerkschaftlers beispielhaft sind für den Einfallsreichtum und die Tatkraft des immer noch unterschätzten *common man* und seiner Möglichkeiten.

Eindrücklich ließe sich das auch am Lebensweg einiger Frauen (wie z. B. der englischen Nationalökonomin Hazel Henderson und der irischen Freiheitskämpferin Bernadine Devlin) nachweisen, die, keineswegs vom konventionellen Auslesesystem gefördert, dennoch ihre Talente entwickeln und zu öffentlicher Anerkennung bringen konnten.

In der Zukunftswerkstatt erhält das Individuum die Chance, sich ungezwungen zu entfalten und damit seine Fähigkeiten und Möglichkeiten zum Nutzen der Gruppe und ihres Anliegens zu entdecken. Gemeinsamkeiten werden angesprochen und verstärkt, in eine anregende Zusammenarbeit gelenkt und zur Erschließung kreativer Fähigkeiten genutzt. Natürlich heißt das nicht, daß individuelle Meinungen und politische Standpunkte unterdrückt werden. Sie werden jedoch positiv eingebunden, durch Abstimmungsverfahren in der Gruppe ausgeglichen und konstruktiv in die Verwirklichungsphase eingeflochten.

Darüber hinaus begünstigt das Zusammenwerken nicht selten eine Politisierung. Empört über unverständliche Eingriffe in ihre unmittelbare Lebenssphäre, sammeln sich die Betroffenen und setzen sich intensiv mit ihrer Situation auseinander – beispielsweise mit dem Abriß von guterhaltenen Häusern oder der Schließung eines Betriebes. Durch das Studieren von Plänen, Erfassen von Gesetzesaussagen, Anhören von Entscheidungsträgern wird ein Lernprozeß in Gang gesetzt, der dazu führt, daß gesellschaftliche und politische Zusammenhänge besser durchschaut werden können. Die Betroffenen beginnen über ihre Vorstellungen und Ansprüche zu reden. Und sie entwickeln ihr Selbstwertgefühl, weil sie merken, daß sie konstruktive Pläne erarbeiten können und damit einen ersten Schritt in Richtung auf ein sinnvolleres Leben tun.

Wenn unerträgliche Mißstände ausgeleuchtet und durch Gegenvorschläge ersetzt werden, dann ergeben sich Ansätze und Impulse für ein Handeln, das auf Umgestaltung zielt. Das Vorgehen in den Werkstätten motiviert die Betroffenen zu einem zielgerichteten Kampf um Verbesserungen und noch grundlegendere Veränderungen. Die Einsicht, sich wehren zu müssen, setzt dabei nicht nur Aggressionen, sondern auch Phantasie frei, so wenn beispielsweise Bürgerinitiativen Alternativpläne entwerfen, arbeitslose Jugendliche sich selbst helfen, indem sie kollektiv bestimmte Betriebe gründen. Eine unüberschaubare Zahl von Selbsthilfe-Initiativen überwindet inzwischen mit Einfallsreichtum und Improvisation die sich vor ihnen auftürmenden Barrieren. Zukunftswerkstätten können derart zu Kraftzentralen vielfältiger sozialer Bewegungen werden.

Wege aus der Sprachlosigkeit

In Zukunftswerkstätten werden nicht nur ungeahnte Kräfte freigesetzt, die Mitglieder erleben darüber hinaus auch eine persönliche Bereicherung. Während der Phantasiephase über ›Andere Arbeitsformen‹ hatten wir eine kleine Verschnaufpause eingelegt. Plötzlich unterbrach eine Teilnehmerin die Stille mit den Worten: »Entschuldigt, aber ich muß mal was ganz anderes sagen. Ich weiß nicht, wie es euch geht, aber ich, ich habe mich in den letzten Stunden so wohl gefühlt wie selten seit Jahren. So, das mußte raus, das wollte ich nur sagen.«

Die Diskussion, die sich an diese Äußerung anschloß, förderte bei den anderen Werkstättlern ähnliche Empfindungen zutage. Nun erst wurde ihnen bewußt, daß der Umgang miteinander anders war als in vergleichbaren Gruppen. Sie fanden, die Werkstattarbeit sei erstaunlich harmonisch verlaufen: kaum Animositäten und Aggressionen, keine gehässigen Konfrontationen, keine besserwisserischen Fraktionsbildungen. Eine andere Teilnehmerin meinte, die entkrampfte, freundliche Atmosphäre habe sie geradezu beflügelt; alle hätten an einem Strang gezogen und freimütig ihre Kritik, Auffassungen und Ideen beigesteuert, ohne die sonst üblichen Machtkämpfe.

Viele Teilnehmer wundern sich über die fruchtbare Zusammenarbeit von Personen mit unterschiedlichen Erfahrungen und Berufen, besonders nach so kurzer Zeit. Ein Stadtdirektor meinte dazu: »Ich muß eingestehen, anfangs, als sich alle kurz vorstellten, hatte ich meine Zweifel. Ich wollte gleich wieder gehen. Wie konnte das bei so auseinanderklaffenden Interessen gutgehen! Und jetzt staune ich.« Seine Gruppe, die sich im Rahmen einer Bildungsurlaubsveranstaltung traf, war tatsächlich bunt zusammengewürfelt. Da saß der Kaufmann neben dem Studenten, der Gewerkschaftssekretär neben der Hausfrau, die Bürogehilfin neben dem Professor, der arbeitslose Drucker neben dem Stadtdirektor.

Der Grund für diese Zufriedenheit und Ausgeglichenheit

bei den Teilnehmern liegt im entspannten und unkonventionellen Herangehen an die Aufgabenstellungen. Gegenüber dem üblichen Festrammen von Positionen durch Belege, Kenntnisse und Autorität wird in der Werkstatt ein anderer Weg beschritten: Nichts gilt als fest und unumstößlich, sondern jeder beteiligt sich aus seiner Sicht und mit seiner persönlichen Erfahrung an der Problemaufnahme, bevor gemeinsam zuerst in phantasievoller, dann in realitätsbezogener Weise Lösungsmöglichkeiten sondiert werden. Wesentlich ist, daß nicht Einzelpersonen sich durchsetzen können; vielmehr bemüht sich die Gesamtgruppe um eine Perspektive, um erstrebenswerte Alternativen. Jeder Teilnehmer hat dabei annähernd gleiche Chancen. Der Redegewandte kann die anderen nicht so ohne weiteres überrollen, denn auch er muß sich an die Spielregeln halten, sich kurz, möglichst in Stichworte fassen. Andererseits kann der Unbeholfene, der in fremder Umgebung oft Gehemmte, leichter zu Wort kommen, da ihn Stichwortbemerkungen nicht so überfordern wie ausformulierte und pointierte Stellungnahmen.

Nach einer Werkstatt zum Thema ›Anders arbeiten‹ in Fohnsdorf, einer steirischen Kleinstadt, deren Hauptverdienstquelle eine Kohlengrube war, bis sie vor einigen Jahren geschlossen wurde, hörten wir Bemerkungen wie diese:

»Endlich hat mir jemand zugehört!«

»Die Funktionäre haben uns nie zu Wort kommen lassen. Aber jetzt reden wir!«

Diese Reaktion hatten die gewählten Vertreter der örtlichen Gewerkschaft offenbar von Anfang an vorausgesehen. Denn sie versuchten zunächst, die Beteiligung ihrer Mitglieder an der Zukunftswerkstatt zu verhindern. Als das mißlang, wollten uns die Offiziellen davon überzeugen, daß man doch nicht auf die ›Unbedarften‹ hören möge: Denn alle ›guten Leute‹ seien doch längst auf Vertrauensposten gewählt. Aber wir bestanden darauf, endlich einmal diejenigen zu Wort kommen zu lassen, die sonst nicht mitreden, und blieben bei der Weigerung, routinierte Sprecher mit ihren bekannten Parolen zuzulassen.

Das Ergebnis der vierstündigen Werkstatt schlug sich nicht

nur in 142 Vorschlägen nieder, von denen eine ganze Reihe gute Anregungen für die künftige Entwicklung gab, sondern vor allem auch in einem deutlichen Stimmungswechsel. Statt Resignation und Hoffnungslosigkeit herrschte nun ein beinahe schon überschwenglicher Enthusiasmus des Neubeginns: Die Eingeschüchterten hatten zu reden begonnen.

Wie urteilen Teilnehmerinnen und Teilnehmer

ZUKUNFTSWERKSTÄTTEN nachgefragt

- Was fällt Dir beim Wort **Zukunftswerkstatt** spontan ein?

  »Super, weiterführend, übertragbar auch auf Lernen in der Hochschule, sollte jede(r) Pädagog(e)/in und (Laien-)Politiker/in mitgemacht haben.«

- Wenn Du zurückdenkst, was hat Dir die Teilnahme an der **Zukunftswerkstatt** gebracht, z. B. inhaltlich, methodisch oder menschlich? Was hat Dich weiter beschäftigt?

  »Inhaltlich: *Erweiterung des Horizonts; Hinführung auf die Konsequenzen des eigenen Lernprozesses.* ***Methodisch:*** *mir bis dahin in diesem Zusammenhang noch neue Wege der Moderation, die zur Folge haben können, daß die Teilnehmer/innen das Gelernte als eigenes Produkt verinnerlichen können; menschlich nicht mehr als bei anderen vergleichbaren Methoden.«*

- Was findest Du am Konzept **Zukunftswerkstatt** mit seinen drei Phasen

  gut? »Alles: gut wäre es, wenn man vorbereitet in eine Werkstatt mit hinreichend Zeit gehen könnte. Besonders gut: die Freisetzung von Phantasie bei gleichzeitiger Verbindung zur eigenen Betroffenheit; auch gut: der Entscheidungszwang.

  nicht so gut? *»Für weniger Geübte mag der Zwang zur Visualisierung problematisch hinsichtlich ihrer Durchsetzung in der Gruppe sein.«*

- Was würdest Du ändern in der

  Kritikphase? *»Manche halten Kritik für unerlaubt, also: noch mehr ›Erlaubnis‹ und Kreativität in die Kritikphase.«*

  Phantasiephase? *»Noch mehr Raum für Freisetzung von Phantasie: Man muß erst lernen und akzeptieren, daß man Phantasie besitzt (z. B. durch*

  Verwirklichungsphase? *entsprechende Spiele, aber auch Reflexions- und Meditationsübungen (z. B. hat ein Schweige-Wahrnehmungs-Spaziergang in der Natur bei einer Werkstatt, die ich kürzlich mit älteren Leuten machte, in dieser Weise gewirkt).«*

Der vorstehende Auszug aus einem Fragebogen soll verdeutlichen, wie Teilnehmerinnen und Teilnehmer das gemeinsame Werken erfahren und wie es ankommt. Von gut 400 verschickten Fragebogen erhielten wir über 80 zurück. In dem Echo drückt sich eine große bis enthusiastische Zustimmung aus. Viele der Beteiligten waren besonders überrascht, daß die Zusammenarbeit von Personen unterschiedlicher Herkunft überhaupt gelingen konnte. Nach ihrer Meinung war das dem Werkstattstil zu verdanken. Vor allem wirkte sich dabei das Ausbleiben der sonst üblichen Konfrontationen und Reibereien innerhalb der Gruppe vorteilhaft aus.

Der Fragebogenaktion waren 28 ›Zukunftswerkstätten zu menschengemäßer Informations- und Kommunikationstechnik‹ vorausgegangen, z. B. mit Themen wie ›Unentbehrlich oder gefährlich? – Computer im Alltag, Computer am Arbeitsplatz‹, ›Mit Elektronik im Heim menschliches Zusammenleben bereichern?‹, ›Die verkabelte Familie – Chancen, Perspektiven und Gefahren‹ oder ›Wie sieht sozialorientierte Informatiker/innenarbeit aus?‹. Die Durchführung der Werkstätten wurde von der nordrhein-westfälischen Landesregierung im Rahmen des Programms ›Sozialverträgliche Technikgestaltung – Mensch und Technik‹ gefördert. Durch diese Finanzierung war es möglich, daß annähernd 500 Personen aus allen Bevölkerungskreisen an einer unentgeltlichen und spesenfreien Wochenendveranstaltung teilnehmen konnten.

Bei vielen Nennungen in den Fragebogen ragt ein Element heraus: Wiederholt loben Teilnehmer/innen, daß sie in den Werkstätten *ernst genommen werden* – mit ihren Beiträgen und Voten. Sie betonen, für sie sei es äußerst wichtig gewesen zu erfahren, daß auch sie etwas beitragen können zur Gestaltung der Zukunft. Immer wieder taucht das Wort *›Mut‹* auf, Mut erhalten zu haben, eine Sache anzupacken, auch gegen Widerstände in der Öffentlichkeit, in ihrer unmittelbaren sozialen Umgebung. Die Erfahrung, in der Werkstatt gehört und unterstützt worden zu sein, strahlt auf das Tun im Alltag aus. *Die Angst vor dem Aktivwerden geht verloren.* Einzelne trauen sich nun an Herausforderungen heran, die sie zuvor stets weggeschoben haben. Eine Teilnehmerin schrieb: Sie wüßte jetzt um ihre ›*Kraft und Energie für das Herangehen an schwierige Problemkonstellationen*‹.

Erreicht wird das ›*Freiwerden*‹ – laut Antworten in den Fragebogen – dadurch, daß ›alle Teilnehmer integriert werden und zu Wort kommen‹. In diesem Zusammenhang wird erwähnt, es würde ›*auf Gedanken der Teilnehmer aufgebaut*‹. Die Gruppe wachse zu einer ›*Gemeinschaft*‹ zusammen, ›*Akzeptanz*‹ und ›*Vertrauen*‹ eines jeden einzelnen in der Gruppe entstünde. Solche Äußerungen verdeutlichen die demokratisierende Komponente des Werkstattprozesses. In der Zukunftswerkstatt entscheidet die Gruppe über Zielrichtung und Fortgang, während der Moderator anleitet und auf das Einhalten der Grundregeln achtet.

Die *Eigenverantwortlichkeit der Gruppe* sehen die Teilnehmer/innen bestärkt im ›Wechsel zwischen Plenum und Kleingruppen‹ und in den von allen getragenen Auswahlverfahren beim Voranschreiten einer Werkstatt. Anliegen der Gesamtgruppe verschränken sich mit denen des Individuums; stellen alle Beteiligten zusammen die entscheidenden Weichen, so erlaubt die Kleingruppe, sich persönlich einzubringen. Dabei wird überwiegend positiv vermerkt, daß Plenumsdiskussionen auf Verständnis und Beispielhaftigkeit beschränkt sind und keine ausschweifenden Redebeiträge zugelassen werden. Auch das zeitweise ›Diskutieren‹ in visualisierten Stichworten wird als anregend empfunden.

Nach diesen allgemeinen Einschätzungen gehen wir auf einzelne Phasen ein: Was die Teilnehmer/innen dazu anzumerken und vorzuschlagen hatten, wie sie punktuell die Werkstattarbeit beurteilten und einschätzten, wo sie sich Veränderungen vorstellen könnten und Verbesserungen wünschten.

Im allgemeinen werden die **drei Phasen** als notwendig und ausgewogen angesehen. Ihr Durchlaufen macht erst das Durchdringen eines Problems auf Lösungsvorschläge hin möglich. Was mehrfach gefordert wird, ist eine umfassende Vorinformation – beispielsweise in Vorträgen, Vorarbeiten, Videofilmen. Hier schimmert die Angst durch, erst tatsächlich mitreden zu können, wenn Sachkunde vorhanden ist. Daß Sachkunde blenden und einengen kann, läßt sich nur schwer vermitteln. Je nach Werkstattgruppe und -anliegen sowie nach der verfügbaren Zeit muß ein Mittelweg angestrebt werden: Bloß so viel Information, daß sie nicht allzu sehr vorprägt.

In der **Kritikphase** Befürchtungen, Ängste, Beschwerden ›auspacken‹ zu können und daraus die für die Gruppe maßgebliche Kritik herauszufiltern, findet Zuspruch. Kritik zuzuspitzen, sich darüber klarzuwerden, was der Kern des Unbehagens ist, wird für äußerst wichtig gehalten. Bemängelt wird von einigen Teilnehmer/innen, daß nichts im Plenum ausdiskutiert werden kann, daß Stichworte zu sehr verkürzen, daß durch das Auswahlprinzip starke Beschränkungen eintraten. Gerade das finden andere wiederum fruchtbar, um sich nicht zu verzetteln, sondern an einem kleinen Ausschnitt anzusetzen und ihn auszuleuchten. Sie heben hervor, daß das Sich-Bescheiden, ›die kleinen Schritte‹ beim Voranschreiten für sie wohltuend gewesen seien. Diese Erfahrung entspricht auch dem Wesen der Zukunftswerkstattarbeit: Konzentration auf Wesentliches, ohne sich in ausufernden Diskussionen zu verlieren.

Daß ›Kreativität und Intuition‹ in der **Phantasiephase** zum Zuge kommen können, findet einhelligen Beifall. ›Endlich einmal weg vom analytischen Kram‹, Phantasieren und Wünschen müßten zum Bestandteil des täglichen Lebens werden, ›Mut zu Phantasie und Träumen‹ gewinnen. Als fordernd wird das Aussprechen von Perspektiven und Ideen angesehen, das erst wieder zu lernen sei. Übungen im Äußern von Träumen, Sehnsüchten, Vorstellungen werden vorgeschlagen, begleitet von vielen Spielen zur Lockerung. Obwohl Teilnehmer/innen die Phantasiephase mit ihrem Anspruch, das Kritisierte mit viel Kreativität – alles ist erlaubt – zu überwinden, als schwierig ansehen, finden sie doch gerade diese Phase am wichtigsten. Sie betrachten die ›Phantasiephase als Ausbruch aus den Sachzwängen‹, als Chance, eine neue Sicht und einen neuen Zugang zur Realität zu erhalten.

Spielte die Zeit bisher nur gelegentlich eine Rolle, so wird für die **Verwirklichungsphase** oft mehr Zeit verlangt. Der ›Schock‹, der durch das Zusammenprallen der utopischen

Ideen mit den realen Bedingungen entsteht, müßte einfühlsam vorbereitet werden. Weiterhin sollten die entwickelten Projekte eine überprüfbare Verbindlichkeit erlangen, das heißt, ihre Realisierung müßte fortlaufend begleitet und überprüft werden. Daraus ergibt sich die Forderung, es seien ›Hilfe und Betreuung bei der Realisierung und Umsetzung der Ideen und Projekte‹ zu gewährleisten, was einschließt, der ›Kommunikationszusammenhang der Gruppe sollte erhalten bleiben‹. Die Ergebnisse, die Verwirklichungsansätze und -projekte sind umstritten: Einige sehen sie als erzwungen an, anderen sind sie zu bescheiden, für andere zu groß und für wieder andere hilfreich. In diesen Anmerkungen spiegelt sich die Unterschiedlichkeit von Interesse und Einsatz. Je nach individuellem Standpunkt hat die Verwirklichungsphase einen anderen Stellenwert. Vom Konzept der Zukunftswerkstatt her ist es jedoch wichtig, daß zurückgefunden wird in die Wirklichkeit, daß Forderungen und Projekte entstehen.

Was in Zukunftswerkstätten passiert und wie sich das methodische Werken an der Zukunft auswirkt, faßt die Antwort aus einem Fragebogen gut zusammen: »Ich habe in einer von allen getragenen menschlichen Arbeitsweise gelernt, kreativ und zielgerichtet mit viel Spaß und persönlichem Kontakt etwas zu bewegen.«

V.
Mit Phantasie gegen Routine und Resignation

Spektrum der Anwendungen

Überall, wo Menschen bereit sind, sich offen mit ihren Wünschen, Phantasien, Visionen an die Zukunftsgestaltung heranzuwagen, bietet die Methode der Zukunftswerkstatt Möglichkeiten. Ihr Dreierschritt, das Vorgehen in drei Phasen, kennt grundsätzlich keine Begrenzung auf Bereiche oder Fragestellungen bzw. auf bestimmte Personengruppen. Was wir ursprünglich besonders als eine Chance der Mitsprache und Mitwirkung der unmittelbar Betroffenen und Übergangenen betrachteten, hat sich im Laufe der Jahre aufgefächert. Themen, Probleme, Bedrohungen jeglicher Art versucht man inzwischen in vielen Bereichen von Gesellschaft, Verwaltung und Wirtschaft mit unserer Werkstattmethode anzugehen: entweder zum Aufschlüsseln, zum Durchdringen eines Sachverhalts oder zum Erkunden von Auswegen.

Unser demokratisches Anliegen, aus dem heraus das Konzept Zukunftswerkstatt entstand, ist zu einem neben anderen geworden, die etwas Verschiedenes wollen. Wir fragen uns, ob das nicht ein Abrücken von unserem Ziel bedeutet, Gegengewichte gegen die Besetzung der Zukunft durch Staat, Wirtschaft, Militär, Bürokratie zu schaffen. Und in der Tat – z. B. bei kommerzieller Nutzung der Zukunftswerkstätten zur Produktentwicklung – bleibt nur der synergistische Bestandteil, das Zusammenbringen unterschiedlicher Erfahrungen und Kenntnisse in einem kreativen, sich gegenseitig befruchtenden Gruppenprozeß, übrig. Das unmittelbare Betroffensein, das verantwortungsbewußte Sich-Selbst-Einbringen, die Veränderungsabsicht und das Initiativwerden im Dienste einer Humanisierung und Ökologisierung der menschlichen Entwicklung werden hintangestellt. Ein einseitiger, vorwiegend von Gewinn- und Machtinteressen bestimmter Gebrauch der Zukunftswerkstätten mutet auf den ersten Blick als dreiste Zweckentfremdung an. Bei näherem Hinschauen treten jedoch auch solche Effekte auf, die wir begrüßen. Die Zukunftswerkstatt erweist sich nicht selten als eine Art ›Trojanisches Pferd‹ im ›Feindesland‹. Denn Träumen, Phantasieren, Spinnen können nicht so einfach kontrolliert werden, wie es die Machthaber wollen. Wir haben schon oft erlebt, daß sogar fest in den ›Apparat‹ eingebundene Personen plötzlich ihr verborgenes Gesicht zeigen, ihre unterdrückte wahre Persönlichkeit offenbaren, weil sie durch den Gruppenprozeß mitgerissen werden. Häufig tritt dabei Überraschendes zutage, das zumindest bei einzelnen zum Nachdenken oder Umdenken führen kann. So erkannte ein Xerox-Manager in einer Werkstatt zu ›Lehren und Vermitteln von neuer Informations- und Kommunikationstechnik‹, daß seine Arbeit von zuviel technischem ›Schnickschnack‹ geprägt sei; er veranlaßte eine ›Entrümplung‹ seines Büros, um sich wieder unmittelbar den Mitarbeitern zuwenden zu können.

Dieser ›trojanische‹ Effekt ist eine Hoffnung. Im Grunde genommen gibt es sowieso keinen wirklichen Schutz vor ›Mißbrauch‹. Damit die Werkstattmethode nicht zielentfremdet wird, halten wir es so, daß wir stets zu Beginn einer Werkstatt das ursprüngliche Anliegen herausstellen. Besonders erwähnen wir in diesem Zusammenhang den geschichtlichen Hintergrund, das Bemühen um demokratische Gegengewichte ›von unten‹; wir verweisen auf bisherige mutmachende Ergebnisse auf dem Weg zu einer humanen Zukunft. Unsere Hoffnung ist es, eine Art Markenzeichen zu entwickeln, das deutlich für emanzipatorische Inhalte steht.

Typen von Zukunftswerkstätten

Wie sieht nun die Anwendungsbreite der Werkstattmethode in der Praxis aus, welche Ausprägungen sind entstanden, wo liegen Schwerpunkte?

Obenan steht das Bemühen der von konkreten Problemen Betroffenen in Werkstätten, Zugänge zu Lösungen zu finden, die sie zuvor vergeblich suchten. Aber die Methode kann auch helfen, ein Thema perspektivisch und klar zu durchdringen, es sowohl relativ schnell wie ungewohnt aufzuschließen und dadurch neue Sichtweisen zu gewinnen. Es läßt sich zudem ›emanzipatorisches Lernen‹ üben und somit ein Gefühl für Zukunft entwickeln. Indem das Ich und die individuelle Persönlichkeit in den Mittelpunkt rücken, trägt die Werkstattmethode auch zur Selbsterfahrung bei – durch Abbau von Ängsten vor der Zukunft, Erlangen von persönlicher Zuversicht, Vertrauen auf die eigene Kraft.

Schematisiert lassen sich folgende Typen benennen:

ZUKUNFTSWERKSTATT als

• Problemanriß	**Veranstaltungs-/Seminarteilnehmer** z. B. schnelles Hineinfinden in eine Thematik, ein Anliegen, eine Fragestellung als Diskussionseinstieg
• Problemlösungshilfe	**Betroffene** z. B. bei Verlust des Arbeitsplatzes, Aufbau eines Zentrums, Entwicklung von Gegenvorstellungen gegenüber Behörden
• Problemdurchdringung	**Interessierte/diffus Betroffene** z. B. bei Themenaufbereitung, Sichtung von Möglichkeiten und Chancen – Ökologie, Computer, Friedensaktionen usw.
• Problemlösungssuche auf persönlicher Ebene	**Betroffene/Interessierte** z. B. Angstabbau im persönlichen Bereich – Beziehungsprobleme, Kriegs-/Umweltängste, Stärkung des Selbstbewußtseins
• Erweiterung des Problem-Zeit-Horizonts	**Alle Berufe/Personengruppen** z. B. Ärzte, Studenten, Lehrer, Juristen, Politiker, Arbeitslose, Beamte

Mut zum ›Andersdenken‹

Auf die Frage, welche Eigenschaft für die Teilnahme an einer Zukunftswerkstatt besonders wünschenswert sei, wie wir sie gelegentlich zu Beginn unserer Sitzungen gestellt haben, lautete die naheliegende Antwort fast immer: Phantasie. Einmal jedoch fiel eine Äußerung, die sich als tiefer gehend und anregender erwies. Der Teilnehmer meinte nämlich, wenn neue Lösungen und Vorstellungen entwickelt werden sollten, brauche man wohl vor allem Mut.

Dostojewski hat die gute Beobachtung gemacht: »Wovor der Mensch am meisten Angst hat: einen neuen Weg zu gehen, ein persönliches, nie gehörtes Wort zu sprechen.« Und in der Tat ist jeder Versuch, ausgetretene Pfade zu verlassen, sei es auch nur im Denkspiel, ein Wagnis, weil er ins Unbekannte und Unerprobte führt. Der alltägliche Wirklichkeitssinn muß dabei zumindest vorübergehend aufgegeben werden. Diesen Sprung riskieren zunächst nur wenige. Sie fürchten Ablehnung oder daß sie sich lächerlich machen.

Einer der Gründe, weshalb der Ausbruch aus alten Denkgewohnheiten zusammen mit anderen oft leichter fällt, als wenn man ihn alleine unternimmt, ist vor allem in der gegenseitigen Hilfe und Ermunterung zu suchen. Um Phantasiebereitschaft in seinen Brainstorming-Seminaren für Leute aus der Wirtschaft zu erreichen, macht der amerikanische Kreativitätsforscher Alex F. Osborne den Teilnehmern klar, daß sie den Boden der Wirklichkeit ja nur für kurze Zeit zu verlassen brauchen und daß *sofort danach* alle, auch die zum Teil tollkühnen Vorschläge auf ihre Brauchbarkeit hin geprüft werden. Denn nur solche Vorschläge erscheinen in diesem Zusammenhang akzeptabel, die im Rahmen des bestehenden Wirtschafts- und Gesellschaftssystems verwirklicht werden können, d. h. vor allem neue Produkte und Dienstleistungen, die keine Machtstrukturen gefährden.

Die Zukunftswerkstätten dagegen wollen gewaltige Veränderungen vorbereiten. Sie lehnen sich zwar, besonders in ihrer Phantasiephase, an diese Brainstorming-Methode an, unterscheiden sich aber ganz wesentlich von ihr. Und zwar sowohl bei der ersten Phase, die gesellschaftskritisch angelegt ist, wie vor allem bei der dritten Phase, in der über die Durchsetzung der Verbesserungs- und Neuerungsvorschläge beraten wird. Soziale Phantasie paßt sich nicht an. Sie stößt entweder in bisher ungenutzte Freiräume der Gesellschaft vor, die sie mit neuem Leben erfüllt, oder sie konfrontiert die bestehenden unbefriedigenden Einrichtungen mit ihren Veränderungsvorschlägen.

So verlangt der Mut zum ›Andersdenken‹ über gesellschaftliche Bedingungen auch Mut zum ›Andershandeln‹. Er leitet sich dann aber nicht wie bisher aus Parolen ›von außen‹ und ›von oben‹ her ab, sondern aus dem vitalen Interesse, selbstentdeckte Veränderungskonzepte durchzusetzen.

Doch bevor wir darangehen, die von den Gewohnheiten, Institutionen und bestehenden Machtapparaten aufgetürmten ›äußeren Hindernisse‹ und ihre Überwindungsmöglichkeiten zu behandeln, müssen wir uns noch ausführlicher als bisher mit den ›inneren Hindernissen‹ befassen, die von den Teilnehmern der Zukunftswerkstätten ausgeräumt werden müssen; es handelt sich dabei vor allem um:

- die Hemmungen der Phantasie;
- die Resignation vor der Übermacht des Bestehenden.

Man kann diese Blöcke, die dem Gelingen mancher Zukunftswerkstatt im Wege stehen, *durch Lektüre und Übungen* allmählich wegzuschieben lernen. Dabei können z. B. Kinder unsere ersten Lehrer werden.

Und werdet Ihr nicht wie die Kinder …

Jeder von uns weiß, daß Kinder mehr Phantasie haben als Erwachsene. Amerikanische Kreativitätsforscher haben diesen Unterschied sogar in Zahlen zu erfassen versucht. Sie behaupten aufgrund ihrer Tests, daß ein 40jähriger durchschnittlich nur noch zwei Prozent der schöpferischen Fähigkeiten besitzt, die ein Fünfjähriger entwickeln kann.

Psychologen (Parness und Lowenfeld in den USA, Landau in Israel, Wollschläger in der BRD, de Bono in England) haben zeigen können, wie durch die erzwungene Anpassung der Kinder an die Wirklichkeit ihre angeborene Fähigkeit, Neues zu denken und zu schaffen, nach und nach verschüttet wird. Wie das in der modernen Industriegesellschaft geschieht, belegt der Kulturkritiker Neil Postman sehr aufrüttelnd – am Beispiel der elektronischen Medien, zwischen Fernsehen und Heimcomputer – in seinem Buch ›Das Verschwinden der Kindheit‹. Der französische Sozialpsychologe Gérard Mendel verlangt daher ausdrücklich eine ›Entkolonisierung‹ der Kinder, die in jeder Generation von den autoritären Älteren am Gebrauch und an der Weiterentwicklung ihrer Imagination gehindert werden – nicht nur zu ihrem eigenen Nachteil, sondern auch zum Schaden der Gesellschaft.

Planer wie Eugen Bruno (Darmstadt) und Simon Nicholson (Open University, England) haben die Phantasieüberlegenheit von Jugendlichen für konkrete städtische Aufgaben zu nutzen versucht. Deren Leistungen beim Versuch einer bürgernahen Planung in Meerbusch (zwischen Düsseldorf und Krefeld) und bei der ›Erfindung der Zukunft von Ottawa‹ (Kanada) waren hervorragend, aber die älteren Mitbürger haben sich dagegen gewandt.

Bruno berichtet über seine Erfahrungen:

»Wir hofften, daß die Kinder im Plancenter eine Atmosphäre der Spontaneität und Naivität verbreiten würden, die auf die Erwachsenen ansteckend wirken könnte. In dieser Atmosphäre würden sie sich vielleicht weniger konventionell, weniger tabuierend verhalten und ihre schöpferische Phantasie spielen lassen. Selbst wenn keine Kinder da waren, gaben doch die überall hängenden Kinderbilder im Plancenter die Atmosphäre wieder. Über die Anwesenheit der Kinder im Plancenter gingen nur wenige Beschwerden ein. Die aber zeigen, mit welch fadenscheinigen, teilweise sogar schäbigen Argumenten die berechtigten Interessen der Kinder an einer bewohnbaren Stadt an den Rand gedrängt werden sollten. Es hieß, die Kinder trügen Schmutz in den Raum, das Plancenter sei ›kein Kindergarten‹, man könne ›doch nicht konzentriert arbeiten‹ (die Erfahrungen widerlegen das!), ›da könnten ja alle Kinder kommen‹... Gewichtiger, wenn auch nicht freundlicher, war der Einwand, den der Stadtdirektor erhob: ›Daß man also sagt: das ist ja mehr oder weniger – das hört man ja auch in der Bevölkerung – ein Kindergarten.‹«

Nicholson mußte sich gegen ähnliche Abwertungen und Ablehnungen der Teilnahme von Kindern an Zukunftsentwürfen verteidigen. Nicht etwa weil die Jugendlichen unsinnige Entwürfe eingereicht hätten, die man als ›infantil‹ oder ›unqualifiziert‹ abtun konnte, sondern weil sie radikaler gewesen waren, als es den Erwachsenen lieb sein konnte. Er hebt die Fähigkeit seiner jungen Mitarbeiter hervor, neue Institutionen zu entwerfen und alte abzuschaffen. Im Gegensatz zu den Erwachsenen und Mächtigen, die vor dem Wandel Angst hätten, da er den Status quo bedrohe, sähen Kinder Veränderungen als eine selbstverständliche Bedingung des Lebens.

De Bono schließlich hat kindliche Phantasie nicht nur zur Entwicklung konkreter Gegenstände, sondern auch bei sozialen Erfindungen eingesetzt. So fragte er sich, ob junge Menschen zwischen fünf und zwölf Jahren nicht vielleicht originellere Antworten auf das uralte Problem der oft brisanten Spannungen zwischen Rassen, Nationen, Ideologien finden würden, als es Fachleute bisher vermocht haben.

Er formulierte die Frage in kindgerechter Weise: »Zeigt, wie ihr den Streit zwischen einem Hund und einer Katze beenden würdet.« Die verschiedenen Vorschläge, die man ihm in Worten und Zeichnungen vorlegte, bewertete er so: »Meiner Ansicht nach bewiesen die Kinder ein besseres psychologisches Verständnis, als man es in der heutigen und vergangenen Politik finden kann. Im Gegensatz zu Erwachsenen, die diese Fähigkeit fast ganz verloren haben, vermögen Kinder Dinge und Situationen auf grundverschiedene Weise zu sehen. Sie suchen stets nach der besten und vernünftigsten Lösung.«

So kam beim ›Hund-Katze-Experiment‹ kein einziges Kind auf den Gedanken, den Streit auf die bei den Staatsmännern übliche Weise zu schlichten, nämlich durch Drohungen, Ermahnungen und Bestrafung. Sie appellierten vielmehr an das Eigeninteresse der beiden Gegner, indem sie ihnen zeigten, daß sie das, worum es ging (vor allem das Fressen), eher bekämen, wenn sie sich einigen und zusammenarbeiten würden. In einer zweiten Kategorie von ›Friedensideen‹ wurden Gelegenheiten zur Ablenkung der Kämpfenden erdacht. »Die Kinder sind sich klar darüber, daß Streit oft die Folge von Langeweile ist«, schreibt de Bono, »und Kampf für viele Menschen die einzige ihnen bekannte Quelle von Interessantem und Amüsantem.«

Schließlich brachten die Kinder eine ganze Reihe von lustigen und ungewöhnlichen Gedanken vor, wie Hund und Katze sich näher kennenlernen könnten. So schlug beispielsweise die zehnjährige Clova Stuart-Hamilton vor: »Der Hund wird mit Katzenfutter beschmiert, die Katze mit Hundefutter. Dann beginnen sie einander abzulecken und werden Freunde.«

Die Beobachtung, daß Kinder in ihrer noch unbefangenen Seh- und Denkweise den Erwachsenen überlegen sein können, hat auch der psychoanalytisch ausgerichtete Ästhetiker Anton Ehrenzweig gemacht, als er versuchte, die tiefere Einsicht der Künstler zu erklären. Er meint, es sei das Kind im Künstler, das ihn befähige, Zusammenhänge zu erfassen, die der differenzierter denkende und mit mehr Erfahrung belastete durchschnittliche Erwachsene nicht mehr sehe. Kinder hätten einen ähnlichen Zugriff auf die Wirklichkeit wie große Maler und Bildhauer. Was sie wahrnehmen, stimme zwar nicht in allen Details, aber im Erfassen des Wesentlichen übertreffe ihre Kraft des Erkennens durchaus die schwächeren Visionen der Erwachsenen.

Durch Spiel den Alltag verlassen

Die Teilnehmer von Zukunftswerkstätten können sich die Erkenntnis von der überlegenen kindlichen Phantasiefähigkeit zunutze machen, indem sie ihren Zusammenkünften ungeachtet der ernsthaften Zielsetzung stets einen möglichst spielerischen Charakter geben. Im Spiel kann man auch als Erwachsener allerlei erproben, was in der Wirklichkeit ›nicht geht‹, man darf in viele Rollen schlüpfen und sich mancherlei ›Verrücktes‹ ausdenken, ohne dafür bestraft zu werden.

Es ist kein Zufall, daß in einer Zeit wie der heutigen, die den Menschen so vielen fast unüberwindlichen Zwängen unterwirft, Spiele aller Art – vom Gesellschaftsspiel im kleinen Kreis bis zum Fußball, der Millionen in seinen Bann ziehen kann – so populär geworden sind. Wer spielt oder sich als Zuschauer am Spiel begeistert, flieht in eine andere Welt, um vorübergehend die schwierige oder widrige Wirklichkeit zu vergessen.

Bei den Zukunftswerkstätten geht es jedoch nicht um eine folgenlose Flucht aus der Realität, sondern um die Erforschung und Vorbereitung ihrer Veränderbarkeit. Es sind also ernste, absichtsvolle Spiele, die wir versuchen, und das bringt natürlich eine gewisse Belastung mit sich. Denn man scheut Leichtsinn, Verantwortungslosigkeit, ›Traumtänzerei‹, wenn letztlich reale künftige Zustände ausgedacht werden sollen, auch wenn es sich dabei zunächst nur um ein ›Denkspiel‹ handelt.

Um diese Hemmung zu überwinden, sollte man öfters Ideen für eine künstlerische, märchenhafte, dichterische Zukunftsdarstellung oder wenigstens für eine Science-fiction-Geschichte zusammentragen. Denn bekanntlich kann und darf in Literatur und Kunst, auf der Bühne und im Film das sonst Undenkbare dargestellt werden. Gerade in sozialen Not- und Zwangslagen wird das Erfinden solcher ›Zukunftsgeschichten‹ beträchtliche therapeutische Wirkung haben, darüber hinaus aber auch zu bedenkenswerten Neuerungsideen führen.

So erzählten sich politische Flüchtlinge, die während des Zweiten Weltkrieges in einem Schweizer Gefängnis interniert waren, jeden Abend in Fortsetzungen einen Roman, in dem sie selbst die Hauptrolle spielten. Sie setzten darin den Gefängnisdirektor ab, internierten die Wächter und übernahmen die Leitung mit dem Ziel, die bisherige Anstaltsordnung zu ändern und die anderen Strafgefangenen nicht länger nur als Schädlinge, sondern als Beschädigte und Geschädigte zu behandeln. Dabei entstand eine Reihe von Reformideen, die sogar von einem der Teilnehmer, einem nahen Freund Titos, später in die Beratungen über die neue jugoslawische Strafrechtsordnung eingebracht wurden.

Ein anderes ernstes Spiel versuchten Mitglieder der Vereinigung *Mankind 2000* (London) bei der Planung einer internationalen Ausstellung, auf der an konkreten Entwürfen und Modellen gezeigt werden sollte, was alles mit den Milliardenbudgets für Waffen und Armeen geschaffen werden könnte, wenn sie friedlichen Aufgaben zuflössen. Das Fazit dieses imaginären Abrüstungswettlaufs waren erstaunliche Perspektiven menschlicher Weiterentwicklung. Um auch den Realisten unter den Teilnehmern Rechnung zu tragen, wurde in einem zweiten Spiel ein nur 30prozentiger Rückgang der jährlichen Verteidigungsausgaben angenommen. Selbst diese relativ bescheidene Budgetverschiebung machte bereits klar, daß Waffen und Heere, auch wenn sie nie eingesetzt werden, eine prinzipiell mögliche bessere Zukunft verhindern, weil sie die Mittel zu ihrer Durchsetzung verschlingen.

In andere Rollen schlüpfen

Ein besonders interessantes Spiel, das zu ungewöhnlichen Ideen führen kann, hat sich Klaus Dette (Berlin) für seine Dissertation ausgedacht. Wir haben uns einige Male daran beteiligt und zählen die Stunden, die wir mit ihm und einigen seiner Mitstudenten bei diesem ›Szenario-Planspiel‹ verbrachten, zu den geistig anregendsten Erlebnissen.

Das begann zunächst noch ganz wirklichkeitsnah mit der Bestimmung eines drängenden Problems, für das wir neue Lösungen finden wollten. Ein Thema, das schon Mitte der siebziger Jahre die Gemüter junger Menschen bewegte, war die Frage, wie sie nach Abschluß ihrer Ausbildung einen geeigneten Beruf ergreifen könnten. Denn es gebe z. B. für 30 Prozent der Studenten keinen ihrer Ausbildung entsprechenden Arbeitsplatz. Auf den gewundenen Pfaden der Imagination kamen wir schließlich zu dem Einfall, die Absolventen, die auf dem Arbeitsmarkt keine offene Stelle fänden, sollten sich selbst einen neuen, aber notwendigen Beruf ausdenken. Daraus entwickelte sich der Gedanke: die Fähigkeit, solche völlig neuen Professionen zu erfinden, müsse an den Schulen, Fachhochschulen und Universitäten gefördert werden, eventuell in einem neuen Fach: ›Job Design‹ oder ›Berufserfindung‹. Auf diese überraschende Idee kamen wir auf höchst ungewöhnliche Weise. Zunächst mußte jeder der Teilnehmer, oder besser Mitspieler, aus einfachen, bereitliegenden Alltagsgegenständen, wie Schachteln, Bändern, Dosen, Klammern, Papierstreifen usw., ein Phantasiegebilde zusammenbasteln. Diese Objekte wurden dann auf eine Drehscheibe gesetzt, und jeder sollte sich assoziativ eine treffende Bezeichnung für ein solches ›Kunstwerk‹ ausdenken.

Es wurden 36 Bezeichnungen gefunden und numeriert: von ›Arche Noah‹ bis zu ›Letzte Spur‹, von ›Rauchender Schornstein‹ bis zu ›Mondrestaurant‹. Aus diesem Fundus von seltsamen Titeln wurde durch Zufallsentscheidung (Würfel) jedem Teilnehmer eine Rolle zugeteilt, die er bei dem nachfolgenden Gespräch spielen sollte. Werner stellte von nun an die ›Hochzeit‹ dar, Rüdiger den ›Raumblick‹, Klaus ein ›künftiges Verkehrszeichen‹, Peter die ›Explosion‹ und Bob den ›Mann im Kasten‹.

Zunächst sollte jeder versuchen, seine Rolle zu definieren. ›Raumblick‹ verkündete: »Mein Ziel ist es, überall durchzublicken – durch Raum und Zeit. Dabei will ich nicht nur sehen, sondern auch selbst handeln und verändern.« Der ›Mann im Kasten‹ sagte, er wolle Befreiung aus seiner Zwangslage und – Erweiterung. Durch ›Hilfsappelle‹ oder durch ›eigene Phantasieleistungen‹ werde er versuchen, aus der Falle herauszukommen. Während die ›Explosion‹ darlegte, sie werde »die Situation so auf die Spitze treiben, daß eine Explosion erfolgt« und »der Widerspruch sich gewaltsam löst«, sah sich der Vertreter der ›Hochzeit‹ als Vermittler und der Darsteller des ›Verkehrszeichens‹ als Ordner. »Verkehrsteilnehmer, die mich nicht beachten, werden mit Strafen belegt.« Produktiv wurde die anschließende Diskussion, weil die Teilnehmer sich von den üblichen Rollen, die sie im Leben spielten, und den Ansichten, die sie sonst vertraten, lösen und Positionen einnehmen mußten, die für sie ungewohnt waren. So etwas wird zwar auch bei anderen Planspielen versucht, aber dabei entsprechen die neuen Rollen meist bekannten sozialen Positionen wie ›Bürgermeister‹, ›Stadtverordneter‹, ›Unternehmer‹, ›Angestellter‹, ›Arbeitsloser‹, die dann nachgeahmt werden. Wer aber eine phantastische Figur darzustellen versucht, wird, selbst wenn er sie vermenschlicht, d. h. auf bekannte gesellschaftliche Rollen und Verhaltensweisen zurückführt, ungewöhnlicher und einfallsreicher argumentieren als im Normalfall.

Entscheidend ist dabei, wie übrigens bei allen anderen von der Kreativitätsforschung im Laufe des letzten Vierteljahrhunderts entwickelten Methoden, der Versuch:

- wenigstens vorübergehend die Einengungen und Zwänge der Wirklichkeit abzustreifen;
- Mauern zu durchbrechen, die den Blick zu anderen Horizonten verbauen;
- Fesseln zu sprengen, die der Phantasie durch den Alltag angelegt werden.

Bilder sprechen lassen

In den letzten Jahren haben wir zunehmend die Erfahrung gemacht, daß ein zeitweiliger Verzicht auf Sprache beflügelt und befreit. Sowohl Experimente in der Kritik- als auch in der Phantasiephase mit bildlichen Darstellungsformen belebten das ›Werken‹ nachdrücklich. Die Beteiligten fanden einen ganz anderen Zugang zu ihrem Anliegen, ihre Sichtweise veränderte sich, die Sensibilität wuchs. Wenn Kritik und Phantasie mit ›künstlerischen‹ Mitteln ausgedrückt wurden, ergaben sich durchgängig Bereicherungen, welche die Inhalte erweiterten und die Auffassungen der Gruppe bereicherten.

Beispielsweise ließen wir in einer Werkstatt zu ›Sozialorientierter Informatiker/innen-Arbeit‹ zuvor nur verständnismäßig geklärte und ausgewählte Kritikpunkte von Kleingruppen malen, um einen offenen und lockeren Übergang zur Phantasiephase einzuleiten. Nachfolgend wiedergegebenes Bild, das die Gruppe mit ›Hello World‹ betitelte, versucht die Kritik an der Informatikerarbeit unter dem Gesichtspunkt ›Verlust des Fühlens‹ deutlicher werden zu lassen.

In der Ausstellung aller ›Kunstwerke‹ aus den Kleingruppen wurden dann alle Anwesenden aufgefordert, aufgrund der Bilder positive und konstruktive Gegenvorstellungen zu entwickeln. Zu obigem Bild wurden genannt:

- die Welt nicht zweidimensional oder durch Bits darstellen
- Welt, Leben ist mehrdimensional
- keine Reduktion des Menschen auf den Knopfdruck
- nicht segmentieren
- bewußt zwischen Reichtum der Welt und Armut des Bildes unterscheiden

Die auf diese Weise gefundenen positiven Sichten und Wünsche bildeten dann die Grundlage für die Phantasiephase.

Malen, Basteln, plastisches Gestalten und andere Formen der nichtverbalen Darstellung sollten jedoch stets mit Bedacht eingesetzt werden: als Ausgleich zur sprachlichen Überfrachtung und als Entfaltungsmöglichkeit der Gesamtgruppe. Werden solche Elemente verwendet, bedarf es einer guten Einführung, da viele, besonders ältere Personen gegenüber dem Bildlichwerden Vorbehalte, teilweise auch Angst davor haben. Es muß erklärt werden, daß jeder über ›bildnerische‹ Fähigkeiten verfügt und daß in Kleingruppen gearbeitet wird, wodurch ein gegenseitiges Sich-Stützen möglich wird, daß es nicht um Vollständigkeit oder Perfektion geht, sondern um das Sichtbarmachen des Wesentlichen und sonst Übersehenen.

Kreativitätstraining – eine neue ›Gymnastik‹

Die verkümmerten, aber in jedem Menschen angelegten Fähigkeiten, gegen die Wirklichkeit und über sie hinaus zu denken, können genauso trainiert und verstärkt werden wie unsere körperlichen Kräfte, deren Vernachlässigung wir mit Gymnastik und Sport auszugleichen versuchen. Noch ein Zeitgenosse des 19. Jahrhunderts schüttelte wohl den Kopf, als die ersten Sportler auftauchten. Wir halten inzwischen Männer und Frauen, die auf Sportplätzen trainieren, gymnastische Übungen machen oder in leichter Kleidung durch die Straßen joggen für völlig normal, ja wir sind davon überzeugt, daß solche Tätigkeiten in einer körperfremden Zivilisation notwendig sind. Doch Exerzitien zur Stärkung und Weiterentwicklung der Phantasie erscheinen uns noch immer als überflüssig, wenn nicht sogar als verrückt. Und doch sind solche Übungen gerade heute dringend notwendig. Denn auf diese Weise könnten die durch Manipulation und Konsumhaltung verkümmerten geistigen Kräfte wiederhergestellt werden, auf die wir in einer Zeit drängender Probleme besonders angewiesen sind.

In den meisten Menschen steckt viel mehr, als sie sich selbst zutrauen. Eine der entscheidenden Entdeckungen der modernen Kreativitätsforschung ist die Tatsache, daß nicht nur geniale und hochbegabte Menschen schöpferisch sind, sondern im Grunde wir alle, wenn auch in verschiedenen Graden. Der Schweizer Astrophysiker Fritz Zwicky wagt sogar die Behauptung: »Jeder ist ein Genie!« Diese Formulierung ist zwar überspitzt, doch die Erkenntnis ist grundsätzlich richtig. Die erst in diesem Jahrhundert begonnene systematische Erforschung und Entwicklung menschlicher Schöpferkraft hat eine Reihe von Verfahren entwickelt, die als Einübung in kreatives Denken auch für die Suche nach gesellschaftlichen Lösungen und sozialen Erfindungen nutzbar gemacht werden sollten.

Die Vielfalt der erprobten Methoden zur systematischen Ideenfindung läßt sich in zwei prinzipiell verschiedene Kategorien einteilen; zur Verdeutlichung der Methoden haben wir Stichworte zum Thema ›Künftige Wohnsiedlungen‹ in Klammern beigefügt:

1. Logische Methoden

Sie versuchen die Probleme

a) systematisch zu erfassen (z. B. Verkehr, Bewohnerzahl, Haustypen, geographische Lage, Bepflanzung, kulturelle Möglichkeiten usw.);
b) in ihre Bestandteile zu zerlegen und zu kombinieren (Was ergibt sich, wenn z. B. Verkehr und Bepflanzung kombiniert werden? ›Grüne Straßen‹?);
c) sie bis an die Grenzen des Wahrscheinlichen weiterzutreiben (Wie würde eine 50-Millionen-Stadt aussehen?);
d) sie ins Gegenteil zu verkehren, d. h. auf den Kopf zu stellen (wird anschließend genauer ausgeführt).

2. Intuitive Methoden

Sie bemühen sich, den wirklichkeitsnahen rationalen Rahmen zu sprengen durch:

a) traumähnliches – assoziatives – Phantasieren (schwimmende, fliegende Städte?);
b) Suche nach ähnlichen – analogen – Erscheinungen auf anderen Gebieten der Kultur und Natur und deren Aufpfropfung auf das zu lösende Problem (wird anschließend genauer ausgeführt);
c) Anregung durch Zufallsgegenstände oder zufällig gefundene Reizworte (z. B. Fahrkarte: Könnte man Busse in Wohnungen verwandeln, Züge in fahrende Siedlungen zu Studienreisen?);
d) ›verrückte‹ – unrealistische – Grundannahmen (eine Stadt für Tiere; künstliche Ruinenstadt als Kriegswarnung).

Für die Praxis der sozialen Phantasie wäre noch hinzuzufügen:

3. Kritische Methoden

Sie setzen den Zweifel als konstruktives Element in bestimmten Phasen ein, indem sie

a) vergangene Ereignisse einer nachträglichen Kritik unterziehen, indem z. B. gefragt wird: »Was wäre geschehen, wenn die Geschichte sich anders entwickelt hätte?« (z. B. durch Gründung einer Weltregierung nach dem Ersten Weltkrieg);

b) bestehende Verhältnisse einer phantasievollen Prüfung durch Vertiefung und Erfindung von Schwachstellen unterziehen oder gegenwärtige Tendenzen überspitzen, bis sie ad absurdum geführt sind (Stadtverkehr bricht tagelang zusammen; Versagen der Aufzüge in Hochhäusern; durchschnittliche Zimmergröße halbiert, geviertelt; Straßenlärm steigert sich ins vollends Unerträgliche);

c) neue Lösungsvorschläge auf Widersprüche und Zeitbedingtheiten hin abklopfen (Führen Gartenstädte zur Vereinsamung? Werden Sonnenhäuser zu warm?).

Wir wollen keineswegs alle diese Methoden hier durchspielen, weil dies den Rahmen des Buches sprengen müßte, aber wenigstens an einigen Beispielen klarmachen, wie durch Phantasieübungen abweichende und neue Vorstellungen gewonnen werden können. Dabei wählen wir als Thema das ›Wohnen‹ (speziell in der Stadt), empfehlen den Lesern, ähnliches an Themen wie ›Arbeit‹, ›Erziehung‹, ›Energieversorgung‹, ›Freizeit‹ usw. auszuprobieren.

Versuchen wir das zunächst einmal mit der **logischen Methode** (›Auf den Kopf stellen‹) und kontrastieren die bestehenden städtischen Wohnformen mit direkt konträren:

Bestehendes	Entgegengesetztes
Menschenzahl unbegrenzt	Bewohnerzahl begrenzt
feste Bauten	mobile und temporäre Bauten; schwimmende, fliegende Viertel

Bestehendes	**Entgegengesetztes**
Hochbauten	Einstockbauten oder unterirdische Stockwerkbauten
Dauer von Bauarbeiten: kurz	Dauer von Bauarbeiten: lang und gründlich; dadurch bessere Qualität; Verzicht auf schnelle Rentabilität
Naturnähe und Bepflanzung minimal	paßt sich der Natur an; biologische Materialien; viel Grün
Bauten in gerader Linie und rechtwinkligen Blöcken	Bauten unregelmäßig verteilt; für schnellen Durchgangsverkehr ist kein Platz; runde, elliptische, vieleckige Bauten
häßliche Neubauten und Siedlungen	Prämierung oder Subventionierung schöner Bauten; bemalte und bunte Häuser; gemütliche Treffpunkte; Erhaltung alter Gebäude; Bürger-Kunstausstellungen Gartenkunst-Wettbewerbe
viel Verkehr (Stauungen)	wenig Verkehr (gar kein Verkehr); Fußgängerstadt oder wenigstens Fußgängerviertel
ungesund (schlechte Umweltbedingungen)	mehr Grün; Ozonzerstäuber an öffentlichen Plätzen; Jogger-Straßen; präventivmedizinische Ambulatorien; verstärkte Lebensmittelkontrolle durch informierte Bürger

Bestehendes	Entgegengesetztes
Hast	viele kleine Parks mit Ausruhmöglichkeiten; Teiche und kleine Wasserfälle; Piazzas zum Herumstehen (im Winter geheizt); ein ›Tag der Unpünktlichkeit‹
Einsamkeit – Anonymität	Ansprechen erlaubt. Wer das *nicht* will, trägt ein sichtbares Zeichen; viele Treffpunkte und Diskussionsecken; Kulturläden; Quartierfeste; Wohngemeinschaften; Straßenzeitungen; Lernbörsen
Großstädte nehmen auf der ganzen Welt zu	Abschaffung der Großstädte; radikale Dezentralisierung

(Bitte jetzt selbst weiterspielen!)

Diese Liste (und die Gegenliste) läßt sich noch lange fortsetzen. Nochmals: Wichtig ist bei einer solchen Übung, daß man sich nicht sofort durch Fragen wie ›Ist das machbar?‹ oder ›Ist das wünschbar?‹ verunsichern läßt. Es geht zunächst einmal darum, überhaupt Möglichkeiten, die realisierbaren wie die nicht realisierbaren, zu finden und zu sammeln; erst dann werden sie als Material für soziale Erfindungen oder Neuerungen kritisch und vernünftig eingesetzt.

Die übliche Selbstzensur mit ihren hemmenden Einflüssen wird sich bei Anwendung der **intuitiven Methoden** noch heftiger einmischen wollen. Versuchen wir einmal, sie wenigstens vorübergehend zu unterdrücken. Welche Visionen eines ganz anderen städtischen Wohnens fördert beispielsweise das Analogiedenken zutage?

1. Analogien mit der Natur

- In einer ›Traumstadt‹ werden Häuser nicht gebaut, sondern gepflanzt. Sie wachsen als biologisches Produkt aus ›Hausknollen‹, die mit allen notwendigen Keimungsmöglichkeiten versehen sind;
- die Bewohner fliegen wie Vögel von der Wohnung zur Arbeitsstätte und zurück;
- Behausungen werden wie Nester auf großen Bäumen angelegt;
- Menschen tragen ihre Wohnungen (aufblasbar?) wie Schneckengehäuse immer mit sich;
- unsichtbare Wände durch Magnetfelder, die Regen und Wind abhalten;
- sobald es kälter wird, tragen die Bewohner mehr ›Federn‹, d. h. Kleidung, die nicht schwer ist und sich der Haut besser anpaßt als die übliche. (Bitte selbst weiterspielen!)

2. Analogien mit anderen Kulturen

Bei diesen Übungen wird es vorwiegend um die menschlichen Formen des Zusammenlebens gehen. Die Frage lautet, ob wir vom Gemeinschaftsleben der Stämme und Völker in anderen Erdteilen etwas für uns lernen können. Wir sollten uns darum bemühen, in Umkehrung des bisherigen Verfahrens, Entwicklungshilfe aus der Dritten Welt und ihren meist viel älteren Kulturen zu beziehen.

Ein solcher Versuch wurde von einer Ad-hoc-Arbeitsgruppe im Rahmen der bereits erwähnten Konferenz *Hawaii 2000* gemacht. Alte und junge Teilnehmer fanden sich außerhalb der vom Gouverneur festgelegten Arbeitsgruppen zusammen, um zu beraten, wie angesichts der aktuellen Zivilisationskrise die jahrhundertelang bewährten Prinzipien des polynesischen Gesellschaftssystems für eine menschlichere Zukunft genutzt werden könnten.

Im Vordergrund standen vor allem die folgenden vier traditionellen Schlüsselbegriffe:

Ohana: gleichbedeutend mit Wechselbeziehung von Mensch und Mensch, Mensch und Natur, Leben und Tod, die zu ständiger gegenseitiger Hilfe unter den Menschen führt;

Hooponopono: Lösung von Konflikten innerhalb der Gemeinschaft, bei der das von *Ohana* verlangte Gemeinwohl höher bewertet wird als die Rechte des einzelnen. Rechthaberei ist verpönt;

Tabu: göttliche unaufhebbare Verbote von riskanten, sowohl *Ohana* wie *Hooponopono* gefährdenden Handlungen;

Aloha: Gebot der Nächstenliebe, Toleranz, Wärme, Heiterkeit. Angst, Neid und Haß müssen als alltagsvergiftend und lebensbedrohend unbedingt beiseite geschoben werden.

Die Beschäftigung mit anderen Kulturen, ihren Werten, Zielen und ihrem Lebensstil soll also im Rahmen der Einübung sozialer Phantasie nicht länger nur analysierend und konsumierend geschehen, sondern als Möglichkeit gesehen werden, entsprechende Haltungen im Rahmen der eigenen Zivilisation zumindest im Gedankenspiel zu entwickeln. Dabei werden Fragen aufgeworfen wie diese:

In welcher Weise würde sich der *Tabubegriff* auswirken, wenn wir ihn auf Atom- und Computertechnik anwenden?

Wie könnte *Ohana* für einen neuen Umgang mit unseren Mitmenschen und unserer Umwelt genutzt werden?

Wäre es möglich, trotz der vielen Bedrängnisse, denen wir heute ausgesetzt sind, den *Aloha-Geist* bei uns einzuführen, ohne im oberflächlichen Keep-smiling steckenzubleiben?

Wir empfehlen, auch die entsprechende Anwendung traditioneller indianischer, indischer, afrikanischer u. a. Denkweisen auf unsere Gesellschaft einmal durchzuspielen.

Von den verschütteten Wünschen

Solches Phantasietraining sollte nicht auf das Erdenken andersartiger gesellschaftlicher Zukünfte beschränkt bleiben, sondern sich verstärkt auch privaten Fragen zuwenden:

- Welche persönlichen Ziele sind wünschenswert?
- Welche Wünsche und Vorschläge könnten bereits im eigenen Leben verwirklicht werden?

Diese Fragen werden von Meinungs- und Marketingforschern viel zu begrenzt gestellt und für die Zielsetzung ihrer Auftraggeber nutzbar gemacht. Sie überhören die vielen zum Teil noch leisen Signale, daß immer mehr Bedürfnisse durch Konsum und Wohlfahrt nicht zu befriedigen sind.

In Zukunftswerkstätten, die geduldig durch die Schichten der durch Werbung hervorgerufenen Bedürfnisvorstellungen zu den tiefer liegenden eigentlichen Erwartungen und Hoffnungen der Menschen vordringen, entstehen zutreffendere Bilder von dem, ›was die Leute wirklich wollen‹, als in den üblichen Meinungsumfragen.

So haben wir schon Jahre, bevor die Betriebssoziologen das schließlich offiziell konstatierten, herausgefunden, daß vielen Lohnabhängigen in den Industrieländern mehr Freizeit lieber wäre als höherer Verdienst durch Überstunden. Sie sind der ›unbegrenzten Gütermehrung‹ längst überdrüssig. Wir haben ihr wachsendes Mißtrauen gegenüber der Streß-, Abhängigkeits- und Inflationsgesellschaft erfahren und – wenn auch gelegentlich nach geduldigem Warten – von ihnen gehört, wie groß ihre Sehnsucht nach Werten ist – wie Freundschaft, Gemeinschaft, Angenommensein, Warmherzigkeit und Zärtlichkeit –, die von den vorwiegend ökonomisch und technisch orientierten Planern und ›kühlen‹ Intellektuellen als nicht erfaßbar oder ›kitschig‹ abgetan wurden.

Zukunftswerkstättler können das Freilegen von ganz persönlichen verdrängten Wünschen durch gruppentherapeutische Ansätze, die in verschiedenen Begegnungs- und Sensitivierungs-Workshops entwickelt wurden, für ihre erfinderische Gemeinschaftsarbeit sehr gut nutzen. Während jedoch die Teilnehmer an jenen Veranstaltungen versuchen, sich in der bestehenden Gesellschaft so gut wie möglich einzurichten, geben sich die Werkstättler mit solch resignativem Verhalten nicht zufrieden. Sie werden vielmehr noch intensiver versuchen, auf die bestehenden Verhältnisse so einzuwirken, daß später einmal möglichst viele Menschen von feinster Empfindlichkeit existieren können, ohne dabei Gefahr zu laufen, verletzt oder zurückgestoßen zu werden.

Auch in diesem Fall – wie bei der Erweiterung der Brainstorming-Technik auf gesellschaftliche Ziele hin – wird man sich eben nicht damit begnügen wollen, verbesserte Einzelergebnisse – im Fall der Persönlichkeitserweiterung wären das dann verbesserte individuelle Fähigkeiten – erdacht zu haben, sondern weit umfassendere soziale Verbesserungen zu schaffen versuchen.

Zur Überwindung der Resignation

Zu den meistgehörten und bedenkenswertesten Einwänden gegen die Zukunftswerkstätten gehört die Behauptung, daß die Teilnehmer sich täuschten, wenn sie meinen, ihre Ideen und Vorschläge könnten einmal wirksam werden. Sind die Kräfte, die den Wandel anstreben, nicht stets zu schwach? Wozu all die Konzepte und Visionen? Sie werden ja von den Mächtigen nicht einmal wahrgenommen und schon gar nicht verwirklicht. Also sei es Wirklichkeitsflucht und pure Zeitverschwendung, sich mit solchen Erfindungsübungen zu beschäftigen.

Schlimmer noch: Der dem Rausch des Pläneschmiedens unvermeidlich folgende obligatorische Katzenjammer müsse die Enttäuschten nur noch tiefer in die Resignation treiben und sie schließlich zu einem Verzicht auf alle Verbesserungsbemühungen bringen.

Die Vorstellung, die unausgesprochen hinter solchen Urteilen steckt, ist die von einem immerwährenden übermächtigen Kartell der Beharrungskräfte in Staat und Wirtschaft, das auf die wachsende Unruhe in der Bevölkerung vorwiegend mit Repression reagiert und sich niemals ernsthaft um die Beschwerden oder Wünsche der Bürger kümmert.

Aber gilt dies auch für alle Zukunft? Sind die Machtstrukturen tatsächlich auf die Dauer so unempfindlich und unüberwindlich, wie gerade viele ihrer entschiedensten Kritiker annehmen? Gewiß, die lokalen, regionalen und nationalen Volksvertretungen sind meist zu schwach oder zu abhängig, um Bürgerwünsche durchzusetzen. Aber muß das so bleiben? Gibt es nicht immer wieder Ansatzpunkte und beschränkte Freiräume, die genutzt werden könnten? Findet man nicht immer mehr Bundesgenossen? Brauchen nicht gerade die Parlamentarier, die mit Arbeit überhäuft sind und über dem täglichen Kleinkram die großen Perspektiven vernachlässigen, von der Bevölkerung Phantasiehilfe? Sind nicht in allen Gesellschaftssystemen, sogar in den totalitären, weiterreichende Möglichkeiten der Einflußnahme zu entdecken? Brechen nicht in diesen Strukturen plötzlich deutliche Widersprüche und Öffnungen auf?

Franz Kafka hat den Krieg als ein Ergebnis der Phantasielosigkeit bezeichnet. Trifft das nicht erst recht auf Terrorismus und Bürgerkrieg zu? Wenn nur ein Bruchteil der Einfallskraft, die sich auf immer destruktivere Taktiken konzentriert, auf die Erfindung von neuen Mitteln und Wegen friedlichen Wandels verwendet würde, könnten wir endlich von einem echten Fortschritt in der Geschichte der menschlichen Beziehungen sprechen.

Wir schlagen deshalb vor, innerhalb wie außerhalb der Zukunftswerkstätten die kritische Phantasie zu mobilisieren, um immer wieder die Verwundbarkeit der Übermacht des Bestehenden zu erkunden und in gemeinsamen Denkspielen seine mögliche Verwandlung vorzubereiten.

Es gilt, provozierende Fragen zu stellen und sie mit radikaler Einbildungskraft zu beantworten:

- Wie sehen die ›Kaiser von heute‹ ohne Kleider aus?
- Wovor fürchten sich die Verteidiger des ›Status quo‹ am meisten?
- Wie stark wird ihr Gewissen durch ihre Entscheidungen belastet?
- Welche Selbstzweifel befallen sie in der Nacht?
- Was würde geschehen, wenn die jetzigen Fehlentwicklungen auf die Spitze getrieben werden?
- Welche Krisen werden sich verstärken? Welche Folgen könnte das haben?
- Welche gesellschaftlichen Widersprüche verstärken, welche Risse verbreitern sich?
- Wie können wir das Neue bereits inmitten des Alten gründen, einrichten und erhalten?
- Unter welchen Umständen könnten die Mächtigen gezwungen sein nachzugeben?

Ausblick: Eine experimentierfreudige Gesellschaft – gelebte Demokratie

Schon in der Gegenwart können Zukunftswerkstätten als Keimzellen des Neuen eine befruchtende Wirkung auf die Gesellschaft ausüben. Doch zur vollen Entfaltung werden sie erst in einer Gesellschaft kommen, deren meiste Mitglieder stets bereit sind, über Verbesserungen nachzudenken und ihre experimentelle Erprobung zu unterstützen.

Ist eine solche experimentierfreudige Gesellschaft überhaupt möglich? Und ist sie wirklich wünschenswert? Seit Beginn der Industrialisierung mußten so viele oft schmerzliche Verluste hingenommen werden, daß sich eine verständliche Scheu vor unerprobten, unüberlegten oder überstürzten Neuerungen breitgemacht hat. Daher hat auch das politische Schlagwort ›Keine Experimente!‹ inzwischen allgemeine Zustimmung gefunden.

Nun läßt sich aber zeigen, daß der Begriff ›Experiment‹ auf die uns bedrängenden sozialen Folgen der wissenschaftlich-technischen Revolution nicht angewendet werden kann. Ebensowenig trifft er auf die großen politischen Umsturzbewegungen in Osteuropa und Asien zu. Denn es handelt sich bei beiden Entwicklungen um Vorgänge, die bei einem Fehlschlag nicht wieder rückgängig oder gar ungeschehen gemacht werden können. Wesentlich für ein echtes Experiment aber ist, daß es bis zu seiner erfolgreichen Bestätigung nur einen vorläufigen Charakter hat, also scheitern kann und darf, ohne daß dadurch großer Schaden entsteht. Aus diesem Grund wird ein richtiges Experiment zunächst auch in kleinem Maßstab unternommen und möglichst nur in einem gut gesicherten Freiraum, etwa in einem Laboratorium. Sind an einem derartigen Versuch Menschen beteiligt, so kann das nur auf der Grundlage der Freiwilligkeit geschehen. Auch während eines Experimentes muß es allen Beteiligten möglich sein, wieder auszusteigen. Genau dies ist aber bei den angeblichen sozialen ›Experimenten‹, denen heute ganze Bevölkerungsgruppen unterworfen sind, nicht der Fall. Man hat sie vorher nicht gefragt und will später weder ihr Unbehagen noch ihre Proteste zur Kenntnis nehmen.

In einer Gesellschaft mit zahlreichen Zukunftswerkstätten wäre so etwas unmöglich. Alle daran interessierten Menschen würden Neuerungen von Anfang an beraten, an ihrem Entstehen beteiligt sein und ihre Erprobung mitverfolgen können. Entsprechen die sozialen Erfindungen oder Innovationen nicht den Erwartungen, sollten sie jederzeit wieder abgebrochen werden können. Ebenso müßten die Bürger entscheiden, ob ein zunächst in kleinem Maßstab durchgeführter, ein ganz oder teilweise erfolgreicher Versuch schließlich in größerem Maßstab oder mehrfach wiederholt werden soll.

Unter solchen Vorbedingungen wäre es gewiß kein Risiko, selbst sehr radikale Ideen im Modell durchzuspielen. ›Sozionauten‹, die Vorstöße in gesellschaftliches Neuland unternehmen, würden sich vermutlich in großer Zahl zur Verfügung stellen und sich gegebenenfalls auch entsprechenden Eignungsprüfungen unterziehen. In einer solchen Zukunft würde die Phantasie nicht ›an der Macht‹ sein, aber eine viel größere Rolle als heute spielen; auch sie hätte sich ethischen Normen zu fügen. So groß die Toleranz gegenüber dem Neuen auch wäre, sie müßte überall dort eingeschränkt werden, wo menschliches Leben und würdige Lebensbedingungen gefährdet sind.

Denn Experimente werden in einer experimentierfreudigen Gesellschaft, wie sie uns vorschwebt, nicht zur Stillung der Neugier oder aus geistiger Abenteuerlust einer Elite, sondern im Interesse vieler unternommen: zur Befriedigung ihrer echten Bedürfnisse und zur Förderung ihrer Fähigkeiten.

Uns geht es darum, das Konzept der Zukunftswerkstatt als eine Demokratisierungschance weiter zu verbreiten und zu vertiefen. Unsere Utopie: Zukunftswerkstätten in jeder Stadt und an jedem Ort, an dem gesellschaftliche Probleme auftauchen und Unmutsäußerungen hochkommen. Dort mit dem Werken zu beginnen, kann Kraft und Mut bei den Betroffenen fördern, so daß sie ›ihre‹ Sache wirklich anpacken – auch gegen Widerstände.

Wir denken, daß in vielen Gemeinden ständig Räumlichkeiten für die Arbeit der Bürger in Zukunftswerkstätten bereitgehalten werden könnten. In ihnen sollte die lebendige Demokratie eine permanente Heimstätte finden für das nie endende unmittelbare Mitwirken der Bürger an der Gestaltung ihrer Gemeinschaft. Treffpunkte dieser Art wurden bereits in Dänemark geschaffen. Sie heißen ›Luftschlösser‹. In den Bezirken von Basel wird an die Gründung ›alternativer Rathäuser‹ gedacht. Solche Orte könnten in Gemeinden die Leerstelle füllen, die durch den Bedeutungsverlust der Kirchen entstanden ist. Sie wären mit Leben erfüllter Mittelpunkt und beständige Keimzelle neuer Ideen. Ein Geist der Zukunftsfreudigkeit könnte so der vorherrschenden Zukunftsangst entgegengestellt werden: durch Ausstellungen von Zukunftsentwürfen und durch Diskussion von Zukunftsvorschlägen, eingebracht von engagierten Bürgern, sei es im unmittelbaren Gespräch oder schriftlich in öffentlich ausgehängten Ideenbriefkästen.

Zukunftswerkstätten und soziale Experimente sind nur Werkzeuge, die der Entwicklung menschlicher Möglichkeiten dienen; sie sind keine neuen Instrumente der Lenkung, sondern Geburtshelfer einer Demokratie, die zwar oft versprochen und viel besprochen wurde, aber bisher noch nie und nirgendwo zu wirklichem Leben erwacht ist.

VI.
Was Zukunftswerkstätten erreichen können

Pläne schmieden – sich informieren Projekte verwirklichen

Haben die Teilnehmer einer Zukunftswerkstatt erst einmal ein Projekt vorgeschlagen und in seinen Grundzügen entwickelt, dann wollen sie auch herausfinden, wie sie es verwirklichen können. Sie wollen genauer erfahren, wie der Ist-Zustand aussieht und wie er im einzelnen verändert werden kann. Dabei beziehen sie sich konkret auf ihr *Geisteskind.* Welchen Hindernissen wird es begegnen? Welche Chancen hat es?

In Viktring (Österreich) fand Anfang der siebziger Jahre, angeregt von Friedrich Gulda, das *Internationale Musikforum* statt, ein mehrtägiges Musikfest, bei dem sowohl klassische Musik als auch Jazz und Rock geboten wurden. Am Rande des Festivals wurden Seminare veranstaltet, die sich mit der Schärfung der Sinne beschäftigten.

Einer dieser Arbeitskreise sollte die Möglichkeit einer Weiterentwicklung der sozialen Phantasie erproben. Seine Teilnehmer waren durchwegs junge Nicht-Akademiker: Lehrlinge, Praktikanten, Arbeiter, die ihre Liebe zur Musik nach Kärnten geführt hatte. Das Thema unserer Zukunftswerkstatt hieß ›Andere Möglichkeiten des Musiklebens‹. Und nach dem üblichen schwierigen Anfang zeigten die Teilnehmer während der nächsten zwei Tage so viel Begeisterung, daß sie über dem Reden von Musik die Musikveranstaltungen selbst zu vernachlässigen begannen.

Das eher triste Zelt, in dem wir uns trafen, verwandelte sich sehr rasch in ein vielfältig belebtes ›Environment‹, das die trotz aller Gelöstheit und Heiterkeit intensiven Anstrengungen der Zukunftswerker widerspiegelte. Überall hingen Protokollplakate, auf denen Kritiken und Vorschläge mit bunten Filzstiften notiert waren. Einige der in diesen Gesprächen entstandenen Projekte waren nachträglich durch Zeichnungen und Karikaturen konkretisiert worden.

Da sah man die vorgeschlagene ›Schallplattenverleihanstalt‹ in vollem Betrieb. Es wurden ›Hellhörige‹, die durch den ›Intensiven Hörunterricht‹ gegangen waren, in ihrer neugewonnenen Seligkeit gezeigt und griesgrämigen ›Nichthörern‹ gegenübergestellt; die allerdings hatte man in der Diskussion ausdrücklich verteidigt mit dem Hinweis auf eine ›Lärmzivilisation, die zum Weghören zwingt‹.

Die praktikabelste und am genauesten ausgearbeitete ›soziale Erfindung‹ war das Projekt einer von den Plattenkäufern weitgehend selbstfinanzierten und selbstverwalteten Firma, die ›unsere eigene Musik‹ festhalten und verbreiten sollte. Den begeisterten Proponenten dieser Neugründung hatte in der ›Verwirklichungsphase‹ ein Angestellter einer Wiener Musikalienhandlung klargemacht, wieviel Kapitalinvestitionen eine solche Firma brauche, wie kostspielig und schwierig der Vertrieb sei, wieviel die Produzenten an die Weiterverkäufer abgeben müßten und ähnliches mehr. In der Pause, die diesem Kaltwasserguß folgte, ließen einige der unabhängigen Plattenproduzenten in spe zwar die Köpfe hängen, aber nur eine kurze Zeit lang.

»Wir dürfen uns von dem Typ nicht zu sehr imponieren lassen«, knurrte Franzl, ein 18jähriger Friseurlehrling, der mit zu den eifrigsten Verfechtern des Projektes gehörte.

»Aber er weiß mehr«, wurde eingewendet. »Wir haben doch keine Ahnung, wie man eine Firma gründet und was das kostet. Wir verstehen weder was von Recht noch von der Wirtschaft.«

»Das müßte man doch erfahren können«, beharrte der Franz. Und zu uns gewandt: »Wer bringt einem das bei? Nicht zu umständlich natürlich und verständlich. Welche Bücher muß ich lesen? Gibt es nicht Kurse für so was?«

Später haben wir gehört, daß dieser Lerneifrige wegen ›Faulheit‹ große Schwierigkeiten in der Schule gehabt hatte. Er war wohl nie wirklich faul gewesen. Nur eben nicht motiviert durch die vielen Fakten, die man in seinen Kopf stopfen wollte, weil er nicht einsah, was die mit seinem Leben zu tun hatten. In diesem Fall war das ganz anders. Franz hatte nun einen zwingenden Grund, sich nach Kenntnissen umzusehen.

Zukunftswerkstätten sind, wie wir herausgefunden haben, ein hervorragender Lernantrieb. Zeichnen sich während einer Werkstatt erst einmal die Umrisse eines Projektes ab, das die Gruppe weiterverfolgen will, dann beginnt das präzisere Plänemachen. Für die Beteiligten ist es nun notwendig, sich genauer zu informieren, sich in die oft fremde Materie einzuarbeiten und sich weiterzubilden.

Auf dem Weg von der Idee zur Praxis wird Information von außen nötig. Sie wird allerdings nicht als das ›letzte Wort‹ empfunden, sondern als Beschreibung des gegenwärtigen Stands der Dinge, der den neuen Herausforderungen nicht mehr entspricht. Wissen wird so zum Sprungbrett in die Unsicherheit des Neuen, das man mit Kenntnissen allein nicht erreichen kann. Dazu muß einmal mehr auch die Phantasie kommen, die den besten Weg vom Einfall zur neuen besseren Wirklichkeit zu finden hilft.

Schöpferische Einfälle und Erfindungen sind also nicht allein in der ›Phantasiephase‹ der Zukunftswerkstatt erwünscht. Vielmehr sind sie eine unentbehrliche Kraft, wenn es darum geht, den Verwirklichungsprozeß im erhofften Sinne voranzutreiben und auftauchende Hemmnisse zu beseitigen. Da können beispielsweise behördliche Auflagen und Eingriffe drohen, finanzielle Engpässe auftreten, persönliches Versagen kann zu Pannen führen. So etwas verlangt von der Projektgruppe oft großes Standvermögen und geistige Beweglichkeit. Immer wieder neue Anläufe, Ideen und

Initiativen werden erforderlich. Um solche Einbrüche zu meistern, empfiehlt es sich, gezielt Phantasiephasen einzuschieben. Wer selbstbestimmt und selbstverantwortlich ein Vorhaben verwirklichen will, wird selten gradlinig an sein Ziel gelangen, sondern zahlreiche Kompromisse eingehen und häufig einen Zickzackkurs steuern müssen. Entscheidend ist dabei, ob das Grundanliegen der Gruppe erhalten bleibt und sich die meisten Mitglieder weiterhin mit dem Ganzen identifizieren können.

Kurzer Lebenslauf eines Projekts

Es ist schwierig, allgemeinverbindliche Rezepte für die Durchführung von Projekten zu geben, denn jedes besitzt Eigenheiten, die sich in kein Schema pressen, sich meist auch gar nicht voraussehen lassen. Wir erinnern uns noch genau an einen Frühsommerabend, an dem wir zu fünft in einem Berliner Wirtshausgarten saßen und im Stil einer Zukunftswerkstatt über sanfte Technik und ihre Verbreitungschancen sprachen.

»Was die in England und der Schweiz können, das müßten wir auch hinkriegen, eine Ausstellung über alternative Technik!« ereiferte sich einer.

»Das ist aber ein ganz schöner Brocken«, wurde ihm entgegnet.

»Trotzdem, nachdenken kann man ja wohl darüber, meint ihr nicht?«

Mit einem Nicken in der Runde war dieser Punkt beendet.

Aber die Idee von einer alternativen Technikausstellung wirkte fort. Immer häufiger tauchte sie in Diskussionsrunden auf. Über ein Jahr lang tat sich nicht viel, außer daß die Ausstellungsidee in die verschiedensten Zusammenkünfte hineintröpfelte und vorübergehend von einer Kleingruppe aufgegriffen wurde. Doch eines war nicht zu übersehen: Mit jedem neuen Anlauf erhielt sie schärfere Konturen. Und plötzlich war ein erstes Konzept da, das die Ausstellung ›Umdenken – Umschwenken‹ der beiden Züricher Hochschulen in den Mittelpunkt stellte und drumherum Eigenbeiträge und -aktivitäten ansiedelte.

Jetzt ging es Zug um Zug. Erste Finanzierungsmöglichkeiten wurden vorgeschlagen, mögliche Interessenten angesprochen und Varianten durchgespielt. Vorbereitungsgruppen bildeten sich zu Einzelbereichen wie alternative Medizin, Ernährung, Landwirtschaft, Architektur, Technik. Nach mehreren Rückschlägen fanden wir einen brauchbaren Platz, das

Oktoberfestgelände in Berlin. Die Vorfinanzierung für Zelt, Ausstellung, Platz und Versorgungseinrichtungen in Höhe von rund 50.000 Mark konnte durch Spenden und Darlehen aufgebracht werden. Presse und Bevölkerung wurden angesprochen. Unsere Initiativgruppe von knapp zehn schwoll auf über 100 Personen an.

Zwar gelang es uns nur bedingt, der Berliner Bevölkerung alternative Lebens- und Technikformen näherzubringen. Trotzdem war das ›Alternative Umweltfestival‹ – wie es dann offiziell hieß – für Beteiligte und Besucher ein voller Erfolg: eine Selbstdarstellung der Alternativszene sowie ihrer Lebens- und Technikvorstellungen in einer großen Stadt.

Von der ersten Idee bis zur Verwirklichung des sechswöchigen Festes waren gut eineinhalb Jahre vergangen. In dieser Zeit gab es viele Mißerfolge und Ernüchterungen: Gruppen zerbrachen, neue entstanden; Personen engagierten sich und verschwanden – aber das Projekt war nicht mehr aufzuhalten.

Natürlich geschah das nicht alles im Selbstlauf, ganz besonders in den letzten fünf Monaten nicht. Denn nun mußten Verträge abgeschlossen und Zahlungen geleistet werden. Verantwortlichkeiten wurden auf Einzelpersonen oder Gruppen übertragen. Im Plenum, das zweimal wöchentlich stattfand, wurden Pläne aufgestellt, wurde der Ablauf des Festivals mit seinen Rahmenveranstaltungen organisiert. Das Besondere jedoch war, daß sich in einer sehr offenen Weise Alternativgruppen so darstellen konnten, wie sie es für richtig hielten.

ZEIT ZUM REIFEN

In den unzähligen Werkstätten, die wir im Laufe der Jahre miterlebt haben, überraschte immer wieder der Einfallsreichtum der Teilnehmenden. Alles zusammen ergibt eine riesige bunte Palette an Projekten, Projektvorschlägen und Projektideen. Die Mannigfaltigkeit bezeugt, daß Teilnehmerinnen und Teilnehmer aus allen Bevölkerungskreisen durchaus in der Lage sind, Neues zu entwickeln. Ganz anders sieht es mit der Verwirklichung aus.

Nach vielem Nachfragen und Diskutieren fanden wir heraus, daß die unmittelbare Betroffenheit ebenso eine Rolle spielt wie der Zeitfaktor.

Wir erinnern uns noch gut an die acht Familien, die zusammen bauen wollten. Sie wollten durch eine Zukunftswerkstatt klären, wie ihr Vorhaben aussehen und begonnen werden könnte. Recht überrascht entdeckten sie durch das gemeinsame Werken, daß das ursprünglich vorgesehene ›Großhaus‹ für alle zusammen doch nicht so zweckdienlich wäre, und sie erfanden eine Anlage des verteilten einfamilienbezogenen Wohnens mit gemeinsamen Einrichtungen für Arbeit, Hauswirtschaft und Zusammensein.

Für diese Gruppe war es anschließend selbstverständlich, die neuen Einsichten in ihre Pläne einzuarbeiten. Ihnen ging es vorrangig um Umsetzung und Praktischwerden. Sie waren in diesem Falle die unmittelbar Betroffenen, die sich ein anderes Zusammenarbeiten und -leben schaffen wollten.

Ganz anders sieht es bei Zukunftswerkstätten aus, in denen die Beteiligten zunächst noch nichts ändern müssen, wollen oder können. Ergebnisse aus diesen Werkstätten sind oft wie schüchterne oder schwache Kinder, die sich aber dann doch melden, wenn Entscheidungen anstehen, die in ihre Richtung weisen. So muß es mit dem Projekt ›Stadtteilhaus‹ in Düsseldorf für kulturelle und politische Aktivitäten einer Parteigruppierung gegangen sein. Auf der Zukunftswerkstatt war das Projekt zum Favoriten geworden; in der Tagespraxis versackte es jedoch dann bald, bewies jedoch so viel Lebenskraft, daß es fünf Jahre danach verwirklicht wurde – in einer alten Feuerwache.

Bei Werkstätten mit Betroffenen, deren Arbeitsplatz z. B. wegrationalisiert werden soll oder die durch eine Sondermülldeponie bedroht sind, ist die praktische Orientierung, das schnelle Handeln-Müssen weitgehend gegeben. Wohingegen bei nicht unmittelbar betroffenen Gruppen die Dringlichkeit eines zu realisierenden Projekts geringer ist. Vor allem aus Erfahrungen mit solchen Gruppen haben wir gelernt, unsere Ungeduld zu bezähmen, wissend, daß gemeinsam Erdachtes und Erarbeitetes bei allen Beteiligten fortwirkt und daß es irgendwann hervortritt, wenn es für persönliches oder gemeinschaftliches Handeln tragend werden kann oder muß.

WEITERFÜHRENDE WERKSTATTARBEIT

In einer permanenten Zukunftswerkstatt, wie sie hier und dort mit Erfolg versucht wurde, haben wir unsere utopische Zielsetzung vor Augen, an der wir mit allen unseren Kräften arbeiten. Um dabei so wenig Abstriche wie möglich machen zu müssen, informieren wir uns zunächst gründlich über Durchsetzungschancen und -hemmnisse. Auf den Ergebnissen dieser Analyse fußend, stellen wir einen Verwirklichungsplan auf, jedoch nicht so, daß wir unsere Ansprüche wegen sich abzeichnender Widerstände einfach zusammenstreichen, sondern indem wir nach denkbaren Umgehungen suchen. Beim planvoll-kreativen Vorgehen sollte im einzelnen beachtet werden:

1. Wir brauchen **Informationen zum Überblick** über das Zielumfeld.
   Frage: Welche Informationen benötigen wir, was müssen wir klären und wissen?
   Um die erforderlichen Kenntnisse zu erlangen und die Hintergründe auszuleuchten, bietet sich z. B. an:
   a) Literatur- und Aktenstudium, Archivarbeit, Heranziehen von Experten des Vertrauens, Veranstalten von Hearings und Aussprachen, Fortbildungskurse, Selbststudium;
   b) Nutzung von Einrichtungen, die Öffentlichkeitsarbeit betreiben – wie Behörden, Verbände und Industrieunternehmen, Kontakte zu wissenschaftlichen Institutionen, zur Presse, zum Rundfunk, zu Parteien, Gewerkschaften und Kirchen;
   c) Ansprechen von Selbsthilfeorganisationen wie Alternativgruppen oder Bürgerinitiativen, deren Adressen z. B. aus alternativen Stadtführern oder Adreßbüchern herausgesucht werden können.
2. Nachdem wir einen ersten Überblick besitzen, können wir nun die **Schritte zum Erreichen des Projektziels** festlegen und unser Vorgehen planen.

Frage: Was können wir, welche Schwerpunkte sind für uns unverzichtbar?
Um uns darüber klarzuwerden, was wir bei der Verwirklichung des Projekts berücksichtigen müssen, wird ein vorläufiger Plan und eine Checkliste aufgestellt. Einige Anhaltspunkte für diese ›Planung‹:

a) Zusammenstellen und Beschreiben der Einzelschritte, die zum Ziel führen könnten, wie Unterschriftensammlung, Informationsstand, Zusammenarbeit mit anderen Gruppen, Ansprechen von Politikern und Behörden, Pressekonferenz, Artikel schreiben, Flugblätter, Organisation eines Festes, Aufruf zur Mithilfe, Besetzung von Objekten, passiver Widerstand, Boykottmaßnahmen usw.;
b) Auswählen der Einzelschritte und eine Reihenfolge danach festlegen, welche Schritte voneinander abhängen und welche parallel erfolgen können;
c) Abschätzen der Dauer jedes Einzelschritts und des Gesamtprojekts, sich feste Termine setzen;
d) Abwägen der verfügbaren bzw. vorhandenen Mittel: Wer macht mit, mit wem kann man rechnen? Welche Kosten entstehen, wie sieht die Finanzsituation aus? Gibt es technische Unterstützungsmöglichkeiten?
e) Offensein für unvorhersehbare Ereignisse (Schwierigkeiten oder neue Ergebnisse), nicht starr am einmal aufgestellten Plan kleben.

3. Bei der **Projektverwirklichung** halten wir uns eng, aber niemals sklavisch an den Plan und versuchen, uns Schritt für Schritt dem Ziel zu nähern.
Frage: Was müssen wir unbedingt, was können wir erreichen?
Die eigentliche Projektarbeit beginnt mit dem Verteilen der Aufgaben und dem Entwickeln einer Organisationsform, die es jedem ermöglicht, zum Gelingen des Ganzen beizutragen, also Gehör zu finden und ernst genommen zu werden.
Beim Ausführen der Projektarbeiten wird zwar der ›Plan‹ helfen, doch bald werden wir merken, daß er mehr ein

Leitfaden als eine genaue Anleitung ist. Ungenauigkeiten und Unvorhergesehenes, Fallstricke, in die unsere Anliegen hineinzustolpern drohen, zwingen uns zu ständigen Revisionen. Wir geraten in einen fortlaufenden Lern- und Abänderungsprozeß: Da werden plötzlich ganz spezielle Informationen benötigt; neue Fakten und Einsichten erfordern Änderungen des Vorgehens; eingeschaltete Kritik- und Phantasiephasen bringen Akzentverschiebungen.

In diesen Auseinandersetzungen mit den realen Gegebenheiten nimmt das Projekt langsam Gestalt an, eine Kompromißgestalt, mit der wir auskommen können.

4. Für das Sammeln sozialer Erfahrungen ist schließlich die **Beurteilung des Projektergebnisses** wichtig.

   Frage: Was haben wir durchgesetzt, und was ist uns mißlungen?

   Das Hinterfragen des Erreichten – wozu auch ein frühzeitiger Abbruch gehört – hat zwei Funktionen: nämlich festzustellen, wo man steht, und herauszufinden, was vom ursprünglichen Ziel auf der Strecke geblieben ist. Bei der Suche nach den guten und schlechten Seiten eines Projektverlaufs ist es oft schwierig, zu einem verbindlichen Urteil zu finden. Es zeigt sich, daß Projekte ein Eigenleben entfalten, das sich auf die persönlichen Erfahrungen und Erlebnisse auswirkt, aber auch zu Folgeaktivitäten anregt.

   Ein derartiges soziales Experiment hört nicht einfach auf, es geht in irgendeiner Form weiter, strahlt auf andere Bereiche aus, steckt an.

   Die kritische Bestandsaufnahme in der Gruppe hilft, das meist unterschwellig Erfahrene zu verarbeiten und das soziale Lernen bewußt damit auch für andere Unternehmungen nutzbar zu machen.

Im Zusammenhang gesehen, können wir festhalten, daß die permanente Werkstattarbeit die eigentliche Verwirklichung bringt. Dabei wird planvoll und kreativ vorgegangen, um die Auseinandersetzung mit den Machtstrukturen erfolgreich zu bestehen, um dem Gewünschten und für notwendig Erachteten zum Durchbruch zu verhelfen. Von der Idee bis zur Realisierung eines Projekts sieht unser Vorgehen folgendermaßen aus:

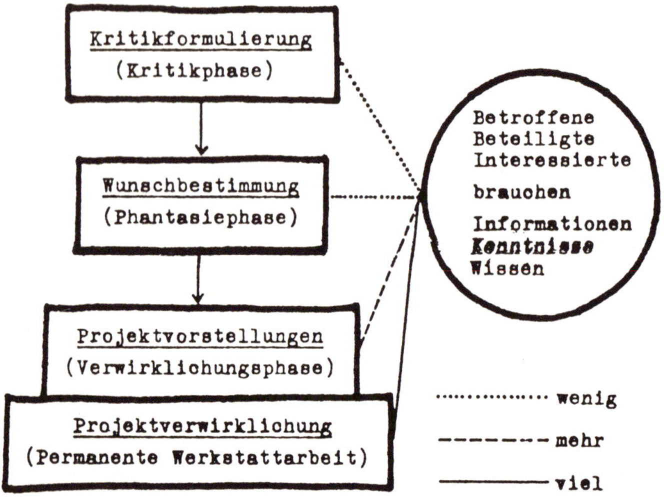

In der permanenten Werkstatt unternimmt die Gruppe erste Verwirklichungsschritte. Sie ›werkt‹ an der Durchsetzung ihrer Utopie. Das besagt: Sie stellt sich der Realität, den politischen, gesellschaftlichen, gesetzlichen und wirtschaftlichen Kräften und sucht einen Weg, auf dem ihr ursprüngliches Anliegen sowenig wie möglich beeinträchtigt wird. Dabei bedarf es immer wieder der ganzen Phantasie und Kreativität der Gruppe, aber auch des Hinterfragens der erreichten Ziele. Dazu sind immer wieder Kritik- und Phantasiephasen einzuschalten: zum Einschätzen, Beurteilen, Vertiefen, Verdichten und Lückenfinden.

Besonders mit einer Lücke wird man sich immer wieder beschäftigen müssen: der Finanzierungslücke.

Das verfluchte Geld

Den Geldmangel, unter dem fast alle Projekte und Aktionen zu leiden haben, müssen die Initiatoren mit außergewöhnlichen Methoden und Ideen auszugleichen versuchen. Dem Einfallsreichtum sind dabei keine Grenzen gesetzt. So meisterte ein selbstverwaltetes Kultur-, Sport- und Handwerkerzentrum Zahlungskrisen nicht dadurch, daß die Mitgliedsbeiträge erhöht oder säumige Zahler gedrängt wurden, sondern indem man eine Großveranstaltung, ein Fest oder eine Ausstellung organisierte. In der Regel holte dann der ›Kneipenbetrieb‹ die benötigte Summe herein. Dieses Nicht-Beharren auf Rechtstiteln kam der langfristigen Entwicklung des Zentrums zugute. Die Mitglieder, darunter viele arbeitslose Jugendliche, identifizierten sich zunehmend mit dem Gesamtprojekt, weil sie nicht wie üblich bloß geduldet und verwaltet wurden. Sie merkten, daß es von ihnen abhängt, wie es weitergeht, und aus dieser Einsicht zahlten sie oftmals auf einen Schlag ihren Jahresbeitrag – eben wie sie gerade Geld hatten.

Überhaupt hat es sich als vorteilhaft erwiesen, wenn die Einzelpersonen selbst darüber befinden, wie sie sich an einem Projekt beteiligen: durch Mitarbeit, Propaganda oder Spenden. Beim *Alternativen Umweltfestival* wurde beispielsweise trotz der Vorbelastung von rund 50.000 Mark kein Eintritt erhoben. Statt dessen konnten die Besucher auf großen Plakaten lesen, wie es um die Finanzen stand, und es wurde ihnen damit anheimgestellt zu entscheiden, was ihnen eine derartige Ausstellung wert war. Am Ende bestätigte der Kassenstand, daß die Freiheit, den Beitrag nach eigenem Gutdünken festzulegen, honoriert worden war. Es konnten nicht nur alle Darlehen zurückgezahlt werden, sondern es ergab sich sogar ein Überschuß, zu dem natürlich auch der Verkauf von Büchern und Zeitschriften, Getränken und Vollwertkost beigesteuert hatte.

Sind Gruppen von ihrem Projekt überzeugt, dann sollten sie sich auch nicht scheuen, an Stiftungen heranzutreten, Anthroposophenbanken anzusprechen, Kontakt mit der Ökobank – der Grundgedanke zu dieser Bank entstand übrigens in einer Berliner Zukunftswerkstatt – aufzunehmen, gemeinnützige Träger – wie z. B. Lottogesellschaften – um Unterstützung zu bitten und nicht zuletzt Regierungsstellen in Bund, Ländern und Gemeinden – vielleicht sogar EG-Einrichtungen – für das Vorhaben zu interessieren. Dabei muß vornehmlich dessen Notwendigkeit plausibel gemacht und seine Zukunftsträchtigkeit herausgestellt werden. Oft hilft auch der Austausch mit ähnlich ausgerichteten Projekten weiter, besonders durch Informationen über erfolgreiche Tips und Tricks. Nicht zuletzt muß Öffentlichkeitsarbeit geleistet werden. So gelang es, eine zweijährige Grundfinanzierung durch die nordrhein-westfälische Landesregierung für das Projekt ›Wohnberater/in für ältere Menschen‹ dadurch anzustoßen, daß es auf einem öffentlichen Forum der Zukunftswerkstätten in Dortmund von den Anwesenden mehrheitlich als sozial wegweisend ausgewählt wurde.

Wir können hier nur Fingerzeige geben. Letztendlich muß je nach Projektart und -anliegen ein Weg für die finanzielle Absicherung gefunden werden. Vor einem ist jedoch zu warnen, nämlich vor Geldern, die mit knebelnden Auflagen verbunden sind. Das trifft oft auf öffentliche Mittel zu. Eine solche Finanzierung kann das Verfügungsrecht der Beteiligten untergraben. Es kommt ganz besonders auf die Vereinbarungen mit den offiziellen Stellen an, auf den Kompromiß, der den Projektmitgliedern genügend Spielraum zur eigenen Entfaltung belassen muß und zugleich eine ökonomische Basis schafft. Keinesfalls sollte man sich auf Verträge einlassen, die dem Auftraggeber das ausschließliche Recht der Veröffentlichung und Nutzung der Ergebnisse zusprechen. Gerade ›öffentliche‹ Geldgeber arbeiten oft mit solchen ›Knebelverträgen‹, die dem auf Öffentlichkeit und Informationsfreiheit angelegten Verfahren ›Zukunftswerkstatt‹ kraß widersprechen.

Vor allem größere Objekte, wie autonome Bürgerzentren oder freie Schulen, sprengen schnell die Finanzkraft von Bürgergruppen. Da es dabei ohne eine langfristige Grundfinanzierung nicht geht, droht hier besonders stark der verformende und kontrollierende staatlich-bürokratische Eingriff. Ob er voll durchschlagen kann, wird auch entscheidend vom Einsatz der Initiativgruppe bestimmt, die versuchen muß, die Fäden in der Hand zu behalten und die Selbständigkeit ihrer Arbeit zu verteidigen. Sich gegenüber der Bevormundung von oben zu behaupten, wird nur dann längerfristig Erfolg haben, wenn eine regelmäßige und ehrliche Öffentlichkeitsarbeit betrieben wird. Das bedeutet: Anwohner und Interessierte sind über Entwicklungsstand, Probleme und Perspektiven auf dem laufenden zu halten (z. B. durch Flugblätter, Zeitung, Feste, Einladungen). Im Konfliktfall kann dann mit einer breiten Unterstützung aus verschiedenen Bevölkerungskreisen gerechnet werden. Protestaktionen und Appelle, die von vielen Bürgern ausgehen, haben schon häufig soziale Experimente so am Leben erhalten, wie es sich die Betroffenen vorstellten. Aber vormachen sollte man sich nichts, denn Selbsthilfe-Initiativen sind ein Stachel in der wohleingerichteten Ordnung. Da sie das angebliche Kräftegleichgewicht stören, müssen sie immer wieder um Anerkennung kämpfen und die Versuche der Etablierten abwehren, ihnen den Geldhahn abzudrehen.

Die wohlwollende Aufnahme in der Bevölkerung bildet einen unschätzbaren Rückhalt für das Gelingen. Aktive Gruppen, ob nun Bürgerinitiativen, Instandbesetzer oder Landkommunen, erfahren täglich den Wert von Sympathiebekundungen, ohne die sie schwerlich überleben könnten. Da ist der moralische Beistand des Kioskbesitzers, der die Demonstration gegen den Rüstungswahnsinn gutheißt und von einer totalen Wehrdienstabstinenz träumt. Da bietet ein Bauschlosser aus der Nachbarschaft eines besetzten Hauses seine Hilfe an; auch Werkzeuge könne er zur Verfügung stellen. Da leiht der Großbauer von nebenan der Landkommune sein Schweißgerät. Da spendet ein Rentnerehepaar spontan 500 Mark für die Vorbereitung einer Bürgerinitiativ-Kampagne.

Je augenfälliger sich eine Initiative der Mißstände oder Bedürfnisse in einem Stadtviertel, einer Straße, einem Gemeinwesen annimmt, auf desto festerem Boden wird sie stehen, auch in finanzieller Hinsicht. Geldquellen zu erschließen ist eine Seite; genauso wichtig sind jedoch aktive Mitglieder, Befürworter und Helfer, die bereit sind, freiwillig Arbeit zu übernehmen und ihren Kopf nach außen hinzuhalten.

Das ›Netzwerk Selbsthilfe‹

Zwar bürgt die Verankerung im sozialen Umfeld für eine gewisse Grundfinanzierung, doch gibt es viele übergreifende Bemühungen, die es oft nicht leicht haben, Fuß zu fassen. Aus diesem Startdilemma will der Fonds für politische und alternative Projekte helfen: das ursprünglich in einer Zukunftswerkstatt erdachte *Netzwerk Selbsthilfe e. V.* in Berlin (inzwischen auch in anderen Städten und Regionen der BRD, Österreichs und der Schweiz). Das Netzwerk hat eine gemeinsame wirtschaftliche Selbsthilfe zum Ziel, d. h., Personen und Gruppen, die in selbstorganisierten Projekten arbeiten, wird eine finanzielle Unterstützung zur Selbsthilfe gegeben. Der Unterstützungsfonds wird durch monatliche Beiträge von über 5000 Mitgliedern gespeist, die aus den verschiedensten Kreisen stammen, aus der traditionellen Linken, den Gewerkschaften, der Öko- und Alternativbewegung, den Bürgerinitiativen, der Frauenbewegung, aus Kunst, Wissenschaft und Kirchen.

Aus dem Netzwerktopf können monatlich rund 50.000 Mark als Anfangshilfe für Alternativprojekte vergeben werden. Hauptsächlich werden Sachkosten oder Zuschüsse zum Lebensunterhalt übernommen. Für das Netzwerk gelten Projekte als unterstützenswert, die

- eine demokratische Selbstverwaltung praktizieren;
- modellhaft alternative Arbeits- und Lebensformen entwickeln bzw. eine soziale Hilfe für Gruppen darstellen, die durch den Raster des Sozialstaates fallen bzw. einen aufklärerischen, emanzipatorischen Charakter haben;
- nicht auf individuellen Profit gerichtet sind;
- bereit sind, mit gleichgerichteten Projekten zu kooperieren;
- personell Kontinuität und organisatorisch Funktionsfähigkeit versprechen;
- in der Regel längerfristig die Chance bieten, sich wirtschaftlich selbst zu tragen.

Für eigenständige Projekte Geld aufzutreiben erweist sich oft als aufreibend, aber in beschränktem Maße als lösbar, ganz besonders, wenn sich die Gruppe flexibel verhält. Geldbeschaffung ist der phantasievollste Teil der Verwirklichungsphase. Ob aber nun durch Spenden, Sammlungen, Darlehen, Feste oder Unterstützungsfonds Mittel für die Finanzierung von sozialen Experimenten aufgebracht werden, in einem kapitalistischen Wirtschaftssystem bleiben die Grenzen eng. Doch kann das teilweise durch Improvisation, Eigenleistung und Sparsamkeit ausgeglichen werden.

Wie bewertet man Erfolge?

Die Möglichkeit, Ergebnisse von Zukunftswerkstätten in eigener Regie zu verwirklichen, ist bis heute eher die Ausnahme als die Regel.

Aus bisheriger Erfahrung haben wir verschiedene Varianten von Durchsetzung ermittelt:

1. das von der permanenten Zukunftswerkstatt allein getragene und selbstfinanzierte **autonome Projekt;**
2. das ›von außen‹ mitfinanzierte, aber selbstkontrollierte **teilautonome Projekt;**
3. das selbstdurchgeführte, aber **fremdfinanzierte Projekt** mit teilweise oder ganz kontrollierten Mitteln;
4. der selbständig erarbeitete, aber zur Verwirklichung anderen überlassene **freie Projektvorschlag.**

In der Praxis vermischen sich allerdings diese Kategorien. Oft genug wird z. B. das autonome Projekt zum Vorläufer eines teilautonomen oder fremdfinanzierten und von anderen Instanzen, etwa den Behörden, weitergeführten Experiments. Eine solche Entwicklung kann durchaus als Halberfolg gewertet werden. Oder es scheitern Experimente zwar vorläufig, werden aber später, wenn die Bedingungen günstiger sind, wieder aufgenommen. Das geschieht zur Zeit in Frankreich, wo die selbstverwalteten Projekte der *autogestionaires* unter Mitterand nun eine zweite Chance erhalten. Gerade anhand der in den letzten 15 Jahren gemachten Erfahrungen hat es sich gezeigt, daß Mißerfolge oder Erfolge auf dem Gebiet der ›sozialen Erfindungen‹ nicht so eindeutig festzustellen sind wie bei wirtschaftlichen und technischen Neuerungen. Ein ›Erfolg‹ – wie etwa die betriebliche Mitbestimmung in der Bundesrepublik – kann sich nachträglich weitgehend als Trugschluß erweisen. Ein ›Mißerfolg‹ wie die gescheiterte Studentenbewegung wirkt trotz allem weiterhin nach und trägt dann doch zu deutlichen Veränderungen bei.

Bei den Zukunftswerkstätten wird allerdings nicht nur das, was dabei sofort an greifbaren Reformen herausgekommen ist, zu beurteilen sein, sondern auch die Beispielwirkung. Denn andere fühlen sich durch solche Versuche ermutigt, ihre Passivität aufzugeben und an einer alternativen Zukunft mitzuarbeiten.

Wie Ergebnisse über Zukunftswerkstätten hinausstrahlen und übertragen werden, erfuhren wir aus Dänemark. In Roskilde wurden ein Vierteljahr lang Werkstätten mit einer Gruppe arbeitsloser Lehrer durchgeführt mit dem Ziel, neue Betätigungsfelder für die vorhandenen Fähigkeiten und Fertigkeiten zu erfinden. Nach Abschluß des Projekts fanden alle Beteiligten innerhalb von zwei Monaten eine Beschäftigung, davon nur drei in ihrem angestammten Gebiet, wie eine Zusammenkunft nach einem halben Jahr ergab. Man versuchte nun, diese Erfahrungen auf ein Werkstattkonzept mit arbeitslosen Jugendlichen zu übertragen. Die Jugendlichen sollten sich Arbeitsfelder erschließen, in denen sie gern tätig werden wollen, und somit für sich möglicherweise eine Lebensperspektive entdecken. Erste Ansätze weisen in den Umweltbereich und auf Dienste für Menschen hin. Interessant ist, daß sich diese Orientierungen mit den Resultaten einer Zukunftswerkstatt in Rheinhausen decken, die durch den Konflikt um die Schließung des Krupp-Hüttenwerks bekannt wurde, wo man über Startchancen für ein Projekt mit arbeitslosen Jugendlichen nachdachte.

Experimente wie das der Arbeiter in der französischen Uhrenfabrik *Lip,* die selbst die Verantwortung für ihren Betrieb übernahmen und die Arbeitsbedingungen veränderten, oder die Pläne einer Gruppe organisierter Gewerkschaftler in der englischen Rüstungsfirma *Lucas Aerospace,* die statt der Waffen und Kampfflugzeuge selbsterdachte sozial nützliche Produkte herstellen wollte, sind nur teilweise oder gar nicht verwirklicht worden. Sie waren aber dennoch wegweisend und haben anderen Impulse zu selbstbestimmtem Tun gegeben.

Zukunftsentwürfe verbreiten

In den ›technokratischen Gesellschaften‹ von heute mit ihren nach innen wie nach außen hin immer gefährlicheren Entwicklungstendenzen kann das von der Basis kommende Entwerfen oder die Verwirklichung humaner ›sozialer Erfindungen‹ zu einer beachtlichen Gegenbewegung werden, die im Zeitalter der ›monströsen Erfindungen‹ mithilft, den verhängnisvollen Lauf der Geschichte zu korrigieren. Schon der Bau von ›Luftschlössern‹ lohnt sich, weil er zur Motivierung und Mobilisierung der Öffentlichkeit beitragen kann. Denn auf die anschauliche und detaillierte Darstellung erwünschter menschenwürdiger Zukünfte reagieren die Betroffenen mit mehr Anteilnahme als auf allgemein gehaltene programmatische Thesen.

Es gehört daher zur Durchsetzungsstrategie der Zukunftswerkstätten, sich intensiver als bisher darüber Gedanken zu machen, auf welche Weise ihre Ergebnisse – sowohl reale wie papierene – anderen mitgeteilt werden können. Man sollte, wie Roger Garaudy einmal vorgeschlagen hat, im Fernsehen Dokumentarfilme über solche ›Modelle einer besseren Welt‹ zeigen und zur Diskussion stellen. Auch könnte man Zeitschriften und Zeitungen anregen, regelmäßig ›Ideen-Sonderseiten‹ und ›Projekt-Beilagen‹ – vor allem zu aktuellen Problemen – zu veröffentlichen. Es wäre schließlich das ganze Spektrum von Bekanntmachungsmöglichkeiten, von der Wandzeitung, dem vervielfältigten Protokoll und Flugblatt bis zur Broschüre, zum Buch, zur Diplomarbeit und zum Forschungsbericht hin zu nutzen. Dazu kämen neue Möglichkeiten wie Ton- und Videobänder, freie Funkstationen, plakatierte Bildgeschichten und – zum Beispiel bei Straßenfesten – ›Zukunftserzähler‹ als moderne Version der Märchenerzähler.

In Ideenarchiven oder -banken könnten Kopien der Protokolle von Zukunftswerkstätten als geistiges Saatgut gesammelt und ausgeliehen werden. Zur Verbreitung und Diskussion von sozialen Innovationen sollten eigene Wunschhefte,

Rundbriefe oder Zeitschriften entstehen. Die Entwicklung von Naturwissenschaft und Technik beschleunigte sich erst dann, als durch periodische Publikationen ein weitreichendes Kommunikationsnetz geschaffen war. Auf dem Gebiet sozialer Erfindungen und Neuerungen werden wir ähnliches erreichen müssen.

Als besonders erfolgreich hat sich erwiesen, die Methode der Zukunftswerkstatt durch öffentliche Veranstaltungen in der Bevölkerung bekannt zu machen. Ein aktuelles Problem in Gemeinde, Stadt oder Stadtteil bietet dazu einen guten Anlaß, und die Beteiligten werden entstehende Projektideen oder Projektvorschläge weitertragen und damit das demokratisch-offene und beteiligungsorientierte Vorgehen bei der Lösung von drängenden Aufgaben verbreiten. Meist im Nachklang einer solchen Werkstatt melden sich Interessenten aus Bildung, Parteien, Gewerkschaften, Schulen, Kirchen, gar Stadtverwaltungen oder sozialen Diensten, die einen Auftrieb für ihre Einrichtung oder ihr Tätigkeitsgebiet suchen.

Fortschritte durch kritische Situationen und kritische ›Etablierte‹

Die Aussaat von ›konkreten Utopien‹ kann entscheidend dazu beitragen, das geistige Klima in einer Gesellschaft zu verändern. Auch wenn diese Vorstellungen in der Praxis noch nicht durchgesetzt werden können. Je greifbarer die Beispiele dafür sind, daß es auch anders geht, desto stärker wirken sie.

Das trifft besonders für eine Epoche zu, in der auch die Etablierten selbst zu zweifeln beginnen, ob der Kurs, den sie verfolgen, noch stimmt. Seit die Unruhe in unserer Gesellschaft durch Proteste und Aktionen offenkundig geworden ist, hat die Bereitschaft der Behörden, Politiker und Manager, sich mit den Äußerungen der Unzufriedenheit zu beschäftigen, deutlich zugenommen. Es werden Umfragen veranstaltet, Vorschlagsbriefkästen aufgestellt, ›Audienzen‹ über das ›Bürgertelefon‹ gewährt, und der ›Dialog mit den Betroffenen‹ wird gesucht. Ganz mutige Länderregierungen bemühen sich sogar, die Bürger zum Mitgestalten zu bewegen. Ein solches Ziel verfolgte die Landesregierung von Nordrhein-Westfalen mit ihrem Programm ›Mensch und Technik – Sozialverträgliche Technikgestaltung‹.

Auch wenn es sich hier nur um taktisches Einlenken handeln sollte, müßte diese neue Bereitschaft genutzt und vergrößert werden. In kritischen Situationen, wie z. B. bei drohenden Betriebsschließungen, akuter Wohnungsnot, Energiepannen, Verkehrskrisen sollten Ad-hoc-Zukunftswerkstätten einberufen werden, um von den Betroffenen Vorschläge zur Lösung der sonst nicht mehr zu bewältigenden Probleme einzuholen. Solche Zukunftswerkstätten hat z. B. Christian Wend im Auftrag des Berliner Bausenators veranstaltet, um die drängenden Probleme einer ›Verkehrsberuhigung‹ anzugehen.

Es zeigt sich bei Gelegenheiten wie diesen, daß es nicht genügt, wenn man die Betroffenen nur als ›soziale Feuerwehr‹ herbeiruft. Man hätte ihre Vorschläge früher hören müssen, ehe die Karre verfahren war.

Gerade angesichts der immer häufigeren Krisen muß darauf hingewiesen werden, daß Zukunftswerkstätten ein unentbehrlicher Teil eines gesellschaftlichen Vorwarnsystems sein sollten. Sie würden aus der Sicht und im Dienste der Bevölkerung in den meisten Fällen andere und zuverlässigere Prognosen stellen als die zuständigen Projektabteilungen des Staates und der Wirtschaft und diese dadurch zwingen, problematische Planungen von Großprojekten (Kernkraftwerke, Flughäfen, Neusiedlungen usw.) nicht erst dann zu überdenken und zu revidieren, wenn es zu gewaltsamen Zusammenstößen gekommen ist.

Wichtige Hilfestellung werden solche Zukunftswerkstätten offen oder heimlich von der wachsenden Zahl von kritischen Fachleuten (Forscher, Ingenieure, Beamte, Manager) erhalten, die das Unbehagen, das sie an ihrem Arbeitsplatz nicht äußern können, dennoch zum Ausdruck bringen wollen. Solche Etablierte als Bundesgenossen zu gewinnen und an einer Zusammenarbeit zu interessieren, ist wichtig für die Durchsetzung von kritischen und alternativen Ideen in einer gleichgültigen oder feindlichen Umwelt. Die Zahl dieser Beunruhigten nimmt ständig zu. Denn immer öfter erkennen sensible, intelligente und überdurchschnittlich gut informierte Mitarbeiter des Industriesystems, daß sie Tätigkeiten verrichten, die entweder nur noch wenig Sinn haben oder die sich nicht länger verantworten lassen.

Eine ganz besondere Rolle haben hier bisher auch Mitglieder öffentlicher Institutionen gespielt, die sich oft nur unter Schwierigkeiten mit ihren Vorgesetzten für notwendige gesellschaftliche Verbesserungen einsetzen konnten:

- Lehrer
- Vertreter der Kirchen
- Sozialarbeiter
- Gewerkschaftsfunktionäre
- Vertreter sozial engagierter freier Berufe (Anwälte, Ärzte, Schriftsteller u.a.)

Durch die Initiative oder Mithilfe vorwiegend solcher Persönlichkeiten sind in den letzten Jahren zahlreiche Projekte begonnen worden, die eine Öffnung der Gesellschaft anstrebten und Reformen durchzusetzen versuchten:

– *in den Gemeinden:*
  Planungszellen
  Bürgerforen
  ›Aktion Mitarbeit‹
  Prozeßberater und ›Artikulationshelfer‹
  Offenlegen von Planvorhaben
  Selbstlernzentren
  ›Dritte Welt‹-Gruppen
  Kulturbeiräte
  Friedensinitiativen
  autonome Jugendzentren u.a.m.
– *in den Betrieben:*
  Mitbestimmung
  Mitbesitz
  Humanisierung der Arbeit
– *in den Bildungseinrichtungen:*
  Lehrerfortbildung in Zukunftswerkstattform
  Fach ›Friedenserziehung‹ an Schulen
  Projektwochen

Bekanntlich sind diese Versuche, innerhalb des bestehenden Systems sozial Zukunftsträchtiges einzurichten, in vielen – vermutlich sogar in den meisten – Fällen wieder abgebrochen, in ihrer Bedeutung stark reduziert oder aber so stark in die bestehenden Verhältnisse integriert worden, daß sie mit den ursprünglichen Zielsetzungen nur noch wenig gemein haben. Dabei handelt es sich durchaus um einen typischen Vorgang, wenn man an die enttäuschenden Erfahrungen denkt, die Reformer in so verschiedenen Ländern wie den USA, Schweden, Dänemark, Holland, England, Frankreich, Schweiz und Deutschland gemacht haben.

Es wäre aber voreilig, aus diesem Scheitern nun endgültig den Schluß zu ziehen, daß in Zusammenarbeit mit der bestehenden Gesellschaft wirklich Neues niemals entstehen könne. Man sollte vielmehr fragen, wie die Bedingungen dieser Kooperation künftig verändert werden müßten, um echte Fortschritte zu erzielen.

Sicherlich wäre eine Hauptbedingung, daß soziale Neuerungen nicht von denen kontrolliert oder geleitet werden dürfen, die für die vorhergehenden Krisen verantwortlich waren. Wirklich weitsichtige Institutionen müßten den Mut und das Vertrauen haben, denjenigen die Planung und Durchführung sozialer Experimente zu überlassen, die sie vorgeschlagen haben, und zwar möglichst ohne belastende Kontrollen.

Wie man Widerstände überwindet

In einer Zukunftswerkstatt lassen sich auch die möglichen, wahrscheinlichen, erwünschten und unerwünschten Schicksale eines experimentellen Wagnisses durchspielen. Auf diese Weise könnte der Entschluß derjenigen erleichtert werden, die angeblich aus Verantwortungsgefühl, in Wahrheit aber wohl meist aus Angst um ihre Position vor neuen Wegen zurückschrecken. Dabei würde sich die sonst eher beunruhigende Wirkung der Zukunftswerkstätten in eine beruhigende verwandeln, weil dann allgemeine undifferenzierte Vermutungen durch genauere Überlegungen und Vorstellungen ersetzt werden.

Doch wie können die entschiedenen Gegner neuer selbstverwalteter Projekte überzeugt werden? Wir sind dieser Frage in einer Zukunftswerkstatt, die sich mit Widerständen befaßte, nachgegangen. Wir stellten uns zunächst vor, wie wir selbst reagieren würden, wenn unsere mühsam erworbene Position in der Gesellschaft bedroht wäre, und fragten uns, wie dieses Gefühl wohl überwunden werden könnte. Wir kamen dann auf den Einfall, das in den bestehenden Apparaten praktizierte Prinzip des ›Weglobens‹ und ›Hinaufbeförderns‹ zu verallgemeinern, kamen also zu dem Schluß, daß man Gegner nicht zerstören oder ins Bodenlose fallen lassen solle, sondern ihnen eine neue und angesehene, aber wenig einflußreiche Funktion zusichern müsse, um sie zur Räumung ihrer Stellung zu veranlassen und sie dabei sogar noch als Bundesgenossen zu gewinnen.

Wir sind bei der gleichen Gelegenheit auf eine interessante Analogie von Gesellschaftsveränderung und Medizin gestoßen. Dabei haben wir die Anhänger des gewaltsamen Umsturzes mit unbedenklichen Chirurgen verglichen und die Reformer mit Hausärzten oder Naturheilern, die klug erdachte, unblutige, therapeutische Vorschläge machen und sie immer wieder je nach Bekömmlichkeit und Erfolg abändern.

Denn eines ist klar: In einer Zeit, die durch die ungeheuerlichste Waffenentwicklung der Geschichte und die bislang perfekteste staatliche Überwachungstechnik gekennzeichnet ist, sind gewaltsame Umsturzversuche nicht nur aus ethischen, sondern aus ganz praktischen Erwägungen mehr als fragwürdig. Es müssen unter diesen verschärften Bedingungen völlig andere Möglichkeiten zur Durchsetzung von Veränderungen gefunden werden.

Unter der Mobilisierung der Massen wird man in Zukunft nicht mehr nur ihr physisches Auftreten in Demonstrationen, Streiks und anderen Formen des Protests verstehen, sondern vor allem die Entfaltung und den Ausdruck der geistigen wie der seelischen Fähigkeiten jedes einzelnen. Damit ist nicht eine Art ›Volksbildung‹ gemeint im Sinne von Erlernen von vorhandenem Wissen, sondern die Auslösung eines nie aufhörenden Stroms von vielfältigen Ideen, Vorschlägen, Forderungen und Experimenten, einer Flut von Wünschen, Visionen und Projekten, die in die erstarrten, aber zugleich auch rissigen Gesellschaftsstrukturen eindringen.

Unter den jetzigen Umständen geschieht eine den Menschen dienliche und bekömmliche Veränderung der Gesellschaft nicht mehr an einem bestimmten Ort, zu einer bestimmten Stunde, sondern an zahlreichen verschiedenen Stellen in zeitraubenden Prozessen der Erfindung, Erprobung, des Scheiterns und der Bewährung, ohne starre Programme, ohne genaue Zeitpläne, ohne sichere Erfolgsgarantien. Aber: »Sie bewegt sich doch!«

VII. Werkstattfibel

Kurzanleitung für die Tages- und Wochenendwerkstatt

Diese Fibel wurde zusammen mit Wulf-Rüdiger Lutz entwickelt. Es handelt sich hier um eine Kurzanleitung für die Wochenendwerkstatt – in Klammern sind die Zeitangaben auch für die Tageswerkstatt beigefügt. Zum Schluß zeigen wir, wie die Werkstattarbeit in einer ›permanenten Werkstatt‹ fortgesetzt werden kann.

Wegen der notwendigen Verkürzungen sind die angegebenen Schritte und Tätigkeiten in den einzelnen Phasen im Zusammenhang mit dem Kapitel ›Die Phasen der Werkstattarbeit‹ zu sehen.

Wenn wir die Arbeitsweise in den Zukunftswerkstätten genauer betrachten, dann stellen wir fest, daß am Lösungsprozeß beide Pole menschlichen Denkens und Handelns, Logik/Vernunft und Emotionalität/Intuition, beteiligt sind.

Um dieses Spannungsverhältnis anschaulich zu machen, benutzen wir das Bild zweier ineinander verwobener Spiralen, wobei die eine Spirale die ganzheitlich-intuitiven und emotionalen Fähigkeiten des Menschen darstellt und die andere die ›kühle‹ Rationalität und die analytische Intelligenz des Menschen.

Die Phasen der Zukunftswerkstatt mit Doppelspirale:

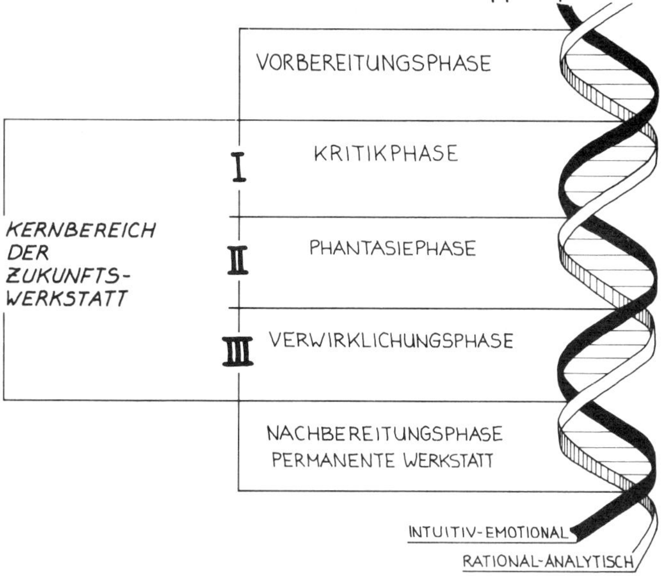

Vergrößern wir die einzelnen Phasen als jeweilige Ausschnitte der Doppelspirale, dann erhalten wir eine Übersicht und Kurzanleitung für die notwendigen Tätigkeiten – in Klammern Zeitangaben für die Wochenendwerkstatt (W) und für die Tageswerkstatt (T).

VORBEREITUNGSPHASE

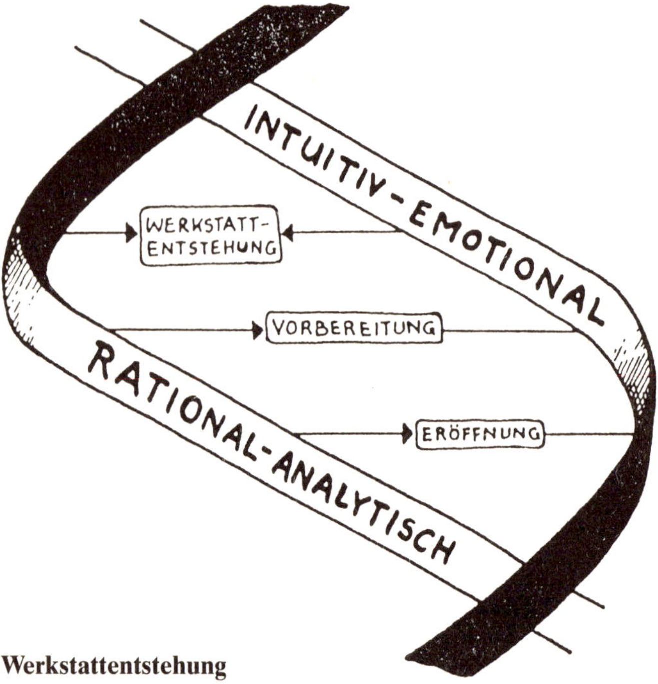

Werkstattentstehung

- Betroffene, Interessierte, einzelne haben ein Thema oder ein Problem, suchen eine Lösung dafür – Werkstattanlaß
- Überlegungen anstellen, welche Zielgruppen und Einzelpersonen angesprochen werden könnten

Vorbereitung

- Werkstattankündigung
  - Thema, Problem – Kurzdarstellung und Hintergrundinformationen
  - Ort – Anfangszeit – Dauer der Werkstatt
  - Eigenleistung der Teilnehmer – z. B. Kostenbeteiligung

- Beschaffenheit der Räume
  - keine feste Bestuhlung
  - Wandflächen, Tafeln
  - wohnliche Umgestaltung ›steriler‹ Schul- bzw. Tagungsräume, z. B. durch indirekte Beleuchtung oder Verkleiden der Wände
  - ruhige und einladende Umgebung
- Erholungsmöglichkeiten
  - Sorge tragen für Getränke und sonstige Verpflegung
  - Ausruhmöglichkeiten, Quatschecken, Musik, Spielgelegenheiten
- Materialien
  - große Papierbogen (Packpapier à 1,30 m × 1,50 m) oder Druckpapierrollen – insgesamt 20–30 m²
  - Schreibmaschinenblätter (DIN-A-4-Blätter), die auch bunt sein können – 100–200 Blatt
  - breitschreibende Filzstifte oder -maler in verschiedenen Farben – mindestens soviel Stück wie Teilnehmer
  - Klebeband zum Befestigen der Papierbogen, z. B. Tesakrepp (zwei Rollen)
  - Kreide, wenn Tafeln vorhanden sind

Eröffnung *(W: ca. 60 Min/T: ca. 30 Min)*

- Einführung in das Thema (Problem) der Werkstatt – Hintergründe – Anlaß und Anliegen der Zusammenkunft
- Einstimmung in die Werkstattarbeit
  - Erklären der Vorgehensweise, der Phasen und Ziele
  - Arbeitstechnik beschreiben, besonders, daß alles visualisiert, d. h. in Stichworten auf den Papierbogen festgehalten wird
  - bei großer Teilnehmerzahl in mehreren Gruppen arbeiten – Gruppen nicht größer als 15–25 Personen
- Phasen während der Erklärung der Arbeitsweise anschreiben, dann zusammen mit den Teilnehmern die vorläufigen Arbeitszeiten dazuschreiben – Stundenplan
- Teilnehmer stellen sich kurz vor
  - z. B. nach Teilnahmeinteresse und Tätigkeitsfeld

I.
KRITIKPHASE

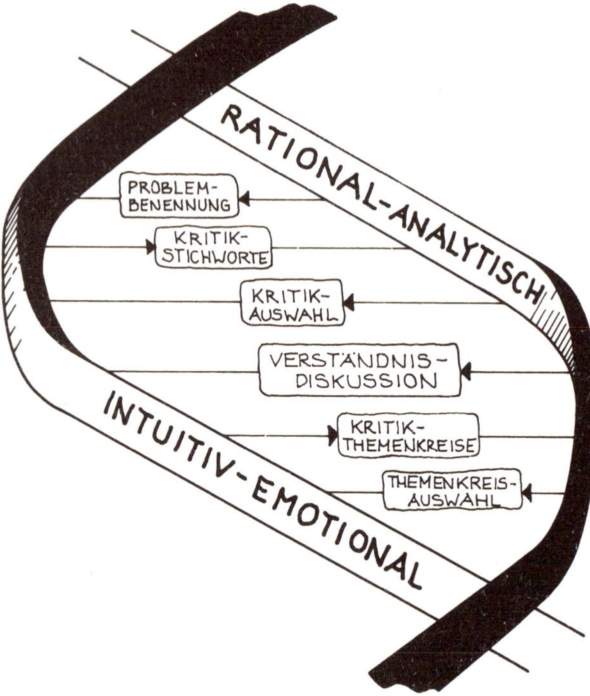

Problem benennen und groß anschreiben

Sammlung von **Kritikstichworten** zum Problem auf Zuruf und Mitschreiben auf Papierbogen

Frage: Was mißfällt uns, was haben wir zu kritisieren?
(W: ca. 60 Min./T: ca. 30 Min.)

Kritikauswahl: Stichworte finden, die am meisten interessieren, z. B. durch Punktvergabe

Frage: Welche Stichworte sind für uns am wichtigsten, welche wollen wir weiterbehandeln?
(W: ca. 20 Min./T: ca. 10 Min.)

Verständnisdiskussion: Durch Beispiele klären, was sich hinter den ausgewählten Stichworten verbirgt

Frage: Welche konkreten Beispiele fallen uns ein, um die einzelnen Stichworte zu belegen, um ein gemeinsames Verständnis von ihnen zu erlangen?
(W: ca. 30 Min./T: ca. 15 Min.)

Die Auswahl unter Oberbegriffen zusammenfassen, **Kritikthemenkreise** finden, u. U. auch in Kleingruppen Kritikaussagen erarbeiten

Fragen: Was sagen uns die Stichworte, wie ordnen wir sie einem Themenkreis zu, wie würden wir sie zu einer Aussage zusammenziehen?
(W: ca. 2 Std./T: ca. 30–45 Min.)

Durch Abstimmung eine Auswahl treffen – **Themenkreisauswahl** bzw. Auswahl der Kritikaussagen

Frage: Welche Kritikthemenkreise oder Kritikaussagen interessieren uns, welche möchten wir lösen und weiterverfolgen? *(W: ca. 20 Min./T: ca. 10 Min.)*

II.
PHANTASIEPHASE

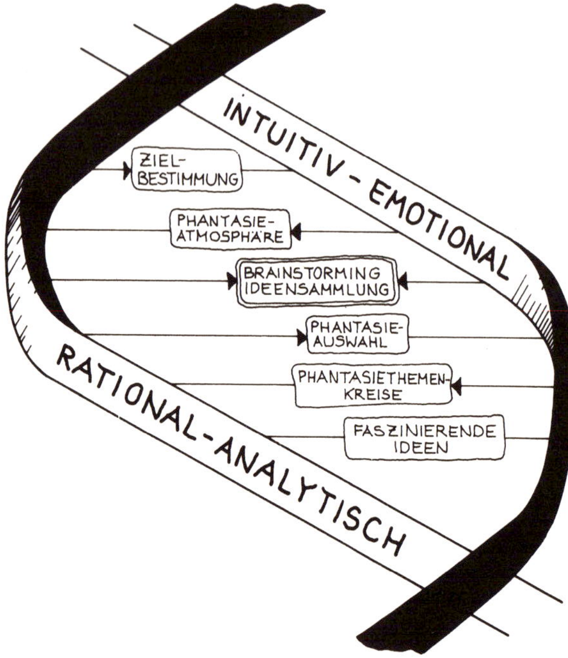

Die positiv umformulierten Stichworte der Kritikthemenkreise bzw. der Kritikaussagen werden groß angeschrieben – als **Zielbestimmung** *(W: ca. 15 Min./T: ca. 5 Min.)*

Phantasieatmosphäre schaffen durch Spiele, die die Kreativität anregen

Frage: Wer kennt ein Spiel, das Spaß macht, die Phantasie anregt und keine Konkurrenz fördert?
(W: ca. 30–60 Min./T: ca. 15–30 Min.)

Brainstorming, Ideensammlung zur Zielsetzung – wichtig: alle Einfälle anschreiben!

Frage: Wie wünschen, erträumen wir uns eine Lösung oder Veränderung, wie sieht unsere Ideal-Welt aus?
(W: ca. 1 Std./T: ca. 30 Min.)

Phantasieauswahl: Stichworte, die am meisten interessieren, z. B. durch Punktvergabe

Frage: Welche Ideen sind für uns am wichtigsten, welche wollen wir uns genauer anschauen?
(W: ca. 30 Min./T: ca. 15 Min.)

Die Auswahl zusammenfassen unter Oberbegriffen, **Phantasiethemenkreise** finden, auch in Kleingruppen ›utopische Entwürfe‹ erarbeiten

Frage: Was sagen uns die Phantasiestichworte, wie ordnen wir sie Themenkreisen zu, wie würden wir uns einen utopischen Entwurf ausmalen?
(W: ca. 2 Std./T: ca. 45 Min.)

Utopische Entwürfe bzw. Phantasiethemenkreise vorstellen und die **faszinierenden Ideen** festhalten

Fragen: Was ist für uns neu, faszinierend, originell von den Ideen, Erfindungen, Phantasien in den Entwürfen?
(W: ca. 1 Std./T: ca. 30 Min.)

III.
VERWIRKLICHUNGSPHASE

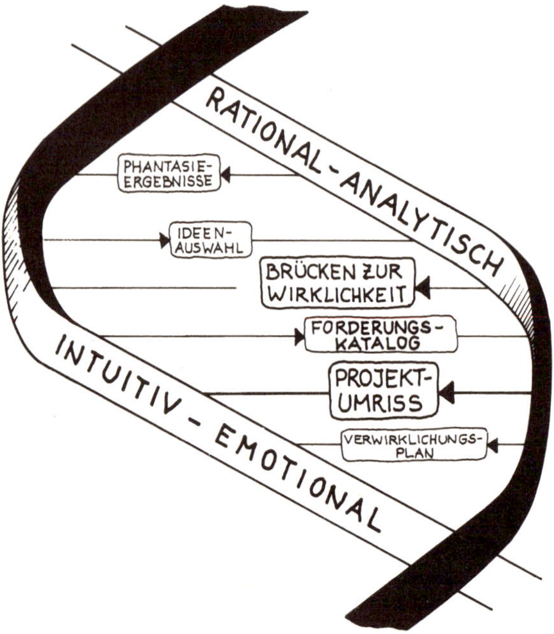

Aufhängen der Papierbogen mit den **Phantasieergebnissen,** sie nacheinander vorstellen: Verständnisdiskussion, Ergänzungen, zusätzliche Ideen

Frage: Was sagt die Gesamtgruppe zu den Ergebnissen, welche Ergänzungen oder Anmerkungen sind zu machen?

(W: ca. 1 Std./T: ca. 30 Min.)

Ideenauswahl: Vorschläge und Einfälle, die am meisten interessieren, z. B. durch Punktvergabe

Frage: Welche Ideen sind besonders interessant und verfolgenswert, welche sollten wir aufgreifen?
(W: ca. 30 Min./T: ca. 15 Min.)

Mit der Auswahl erste **Brücken zur Wirklichkeit** schlagen – durch Suchen von Beispielen, Ansätzen, Näherungen, die in eine ähnliche Richtung weisen

Fragen: Wo gab es, wo gibt es so etwas in der Realität, was geht ungefähr in die Richtung?
(W: ca. 40 Min./T: ca. 20 Min.)

Sich für eine oder mehrere Ideen entscheiden und dazu einen **Forderungskatalog** aufstellen

Fragen: Welche Forderungen müssen wir aufstellen, damit unsere ausgewählte Idee eine Chance erhält, wo muß dabei angesetzt werden?
(W: ca. 1 Std./T: ca. 40 Min.)

Eine Forderung herausgreifen und für sie einen ersten **Projektumriß** entwickeln

Fragen: Was wollen wir konkret tun? Wie wollen wir es anfangen? Wer kann uns dabei unterstützen? Wo soll das Projekt entstehen? Wann beginnen wir?
(W: ca. 1 Std./T: ca. 40 Min.)

Erste Schritte der Verwirklichung diskutieren, z. B., wie man sich sachkundig macht, ob Arbeitsgruppen gebildet werden sollen, feste Trefftermine notwendig sind: einen vorläufigen **Verwirklichungsplan** aufstellen

Frage: Wie und wo fangen wir an, welche ersten Verwirklichungsschritte sind zu unternehmen?
(W: ca. 1 Std./T: ca. 30 Min.)

In der Tages- oder Wochenendwerkstatt kann kaum mehr erreicht werden, als das Werkstattproblem bzw. -thema abzuklären (= kritische Bestandsaufnahme), ihm Gewünschtes entgegenzusetzen (= utopische Vorstellungen) und daraus Ausgangspunkte für Verwirklichungsschritte zu entwickeln. Beläßt es die Werkstattgruppe nicht bei der einmaligen Sondierung, sondern arbeitet an den gefundenen Lösungsaussichten weiter, dann entsteht eine PERMANENTE WERKSTATT, ein Projekt.

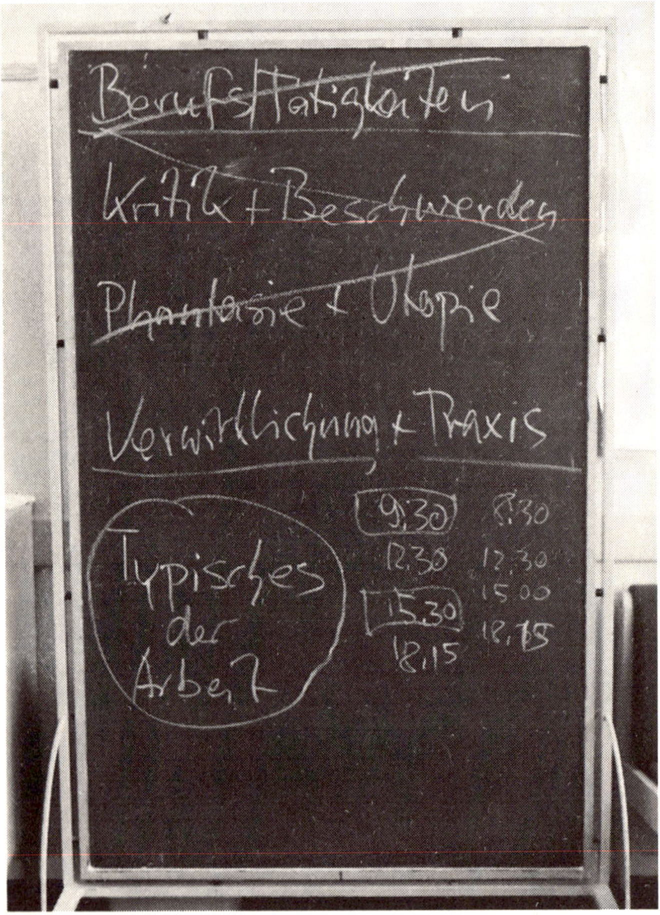

PERMANENTE WERKSTATT

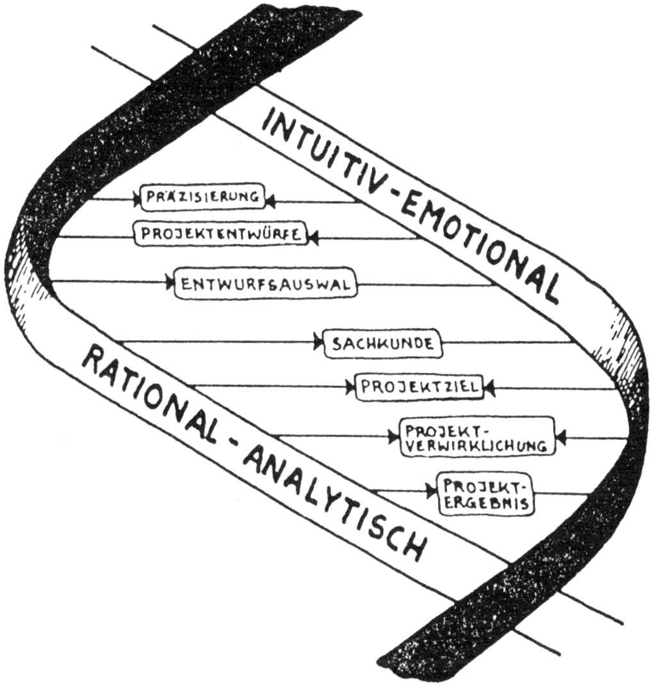

Vorschläge aus der Werkstattdokumentation und dem Stufenplan durchgehen, ergänzen und im Brainstorming **präzisieren**

Frage: Welche Ergänzungen fallen uns zu den Vorschlägen ein?

→ Elemente der Phantasiephase nutzen

In der Gruppe, u. U. auch in Kleingruppen, **Projektentwürfe** formulieren

Frage: Was ergeben sich für Projektvorstellungen aus den Vorschlägen und den Erweiterungen durch das Brainstorming?

→ Elemente der Phantasiephase nutzen

Diskussion der Projektentwürfe in der Gesamtgruppe und **Entwurfsauswahl** – Ausdiskutieren oder Abstimmung

Frage: Was wollen wir anfangen, untersuchen und verwirklichen?

Sachkunde aneignen, das Projekt genauer beschreiben und das Vorhaben auf das ›Machbare‹ hin einengen – Widerstände, Restriktionen, Sachzwänge usw. ermitteln sowie personelle und finanzielle Unterstützung finden

Frage: Was müssen wir klären und wissen?
→ Elemente der Kritik- und der Phantasiephase nutzen

Projektziel festlegen und Stufenplan für die Verwirklichung genau ausführen – erste Schritte, Tätigkeiten, Aufwand, Kosten, Gruppenkapazität, Organisation

Frage: Was müssen wir tun, um unser Ziel zu erreichen?
→ Elemente der Kritik- und der Phantasiephase nutzen

Projekt verwirklichen, an Plan halten – bei Schwierigkeiten auf ›Sachkunde‹ und ›Projektziel‹ zurückgreifen; offenbleiben für Veränderungen; das Ganze als Lernprozeß begreifen, dem eine eigene Dynamik innewohnt

Frage: Wie verwirklichen wir ›unser‹ Projekt nach und nach?
→ Elemente der Kritik-, der Phantasie- und der Strategiephase nutzen

Projektergebnis beurteilen, Erfahrungen zusammentragen, Kritik äußern zum Erreichten und zum Nicht-Erreichten

Frage: Was haben wir geschaffen, was fehlt, was lief falsch?
→ Elemente der Kritikphase nutzen

Literatur

A. N. Ammann *Aktive Imagination.* Freiburg 1986[3]

C. Bezold (Hg.) *Anticipatory Democracy – People in the Politics of the Future.* New York 1978

J. Boeström/ R. Günter *Rettet Eisenheim.* Frankfurt 1972

E. de Bono *Children Solve Problems.* London 1973 (vgl. S. 39)

H. Bossel *Bürgerinitiativen entwerfen die Zukunft.* Frankfurt 1978

E. Bruno *Prozeßberatung in der Stadtplanung.* Frankfurt/Zürich 1978 (vgl. S. 46)

G. Chaplin/G. D. Paige *Hawaii 2000.* Honolulu 1973

D. S. Conger *Social Inventions.* Prince Albert, Canada (SASK.) 1974[5]

K. Dette *Ideenentwicklungsmethoden – Untersuchung eines potentiellen Planungsinstruments* (Dissertation an derTechnischen Universität Berlin 1976)

P. C. Dienel *Die Planungszelle.* Opladen 1978

G. M. Dries *Kreativität.* Heidelberg 1982

O. K. Flechtheim *Futurologie – Der Kampf um die Zukunft.* Köln 1970

B. Floßdorf *Kreativität – Bruchstücke zu einer Soziologie des Subjekts.* Frankfurt 1978

H. Fluri *Spiele und Übungsformen in der Freizeit.* Schorndorf 1984

D. Gabor *Innovation – scientific, technological, social.* London 1970

R. Günter *Leben in Eisenheim.* Weinheim 1980

Innovations sociales. In: *autrement 5.* Paris 1976

R. Jungk *Einige Erfahrungen mit Zukunftswerkstätten.* In: *analysen und prognosen 25.* Berlin 1973

R. Jungk *Die Entwicklung sozialer Phantasie als Aufgabe der Zukunftsforschung.* In: D. Pforte/O. Schwencke *Ansichten einer künftigen Futurologie.* München 1973

R. Jungk *Statt auf den großen Tag zu warten …* In: *Kursbuch 53.* Berlin 1978

R. Jungk/N. R. Müllert/S. Geffers/A. Solle *Zukünfte ›erfinden‹ und ihre Verwirklichung in die eigene Hand nehmen.* Ratingen 1988 (Studie mit Zukunftswerkstätten, beim Ministerium für Arbeit, Gesundheit und Soziales von NRW in Düsseldorf anfordern)

R. Jungk *Projekt Ermutigung.* Berlin 1988

J. Klépal in: *La Créatique.* Paris 1970

E. Landau *Psychologie der Kreativität.* München/Basel 1969

Landesinstitut für Schule und Weiterbildung (Hg.) *Zukunftsphantasien (k)ein modischer Trend? – Reader zum Lernkonzept Zukunftswerkstatt.* Soest 1987

K. Linneweh *Kreatives Denken.* Rheinzabern 1984

W.-R. Lutz *Dezentrale Planung.* (Diplomarbeit am FB 8 – Architektur – der Technischen Universität Berlin 1977; Zukunftswerkstatt: Psychologische Bedürfnisse in der Stadtplanung, unter Planungsdesign S. 57)

R. May *The Courage to Create.* New York 1975

Ch. Memmert *Zukunftswerkstatt – Eine Methode der Weiterbildung?* Bremen 1989 (Diplomarbeit am FB 12 der Universität Bremen)

N. R. Müllert *Ein Wunder auf den Weg bringen.* In: G. E. Hoffmann *Schaffen wir das Jahr 2000?* Düsseldorf/Wien 1984, S. 50–61

N. R. Müllert/A. Solle/S. Geffers *Farben der Zukunft 1 (Computer machen taubstumm – Wir reden darüber)* und *Farben der Zukunft 2 (Überleben im Computersog).* Ratingen/Wuppertal 1987 (Auswertung von Zukunftswerkstätten)

N. R. Müllert *Anstatt arbeitslos zu sein.* In: Berufsförderungszentrum Essen (Hg.) Bd. 1 *Neue Technologien, Bildung und Arbeitsmarkt.* Köln 1988, S. 352–358 (Mit Zukunftswerkstätten Berufe erfinden)

N. R. Müllert *Eigene Zukunftsvorstellungen entwickeln und verwirklichen.* In: H. Philipzig/B. Zimmermann (Hg.) *Mit Mut und Phantasie Neue Technik gestalten!* Hamburg 1989, S. 147–154

Netzwerk Selbsthilfe *Ein Jahr Netzwerk.* Berlin 1979 (und Berichte in den folgenden Jahren)

Ökozentrum Langenbruck *Erste Schritte in Richtung Ökostadt Basel.* Basel 1988 (Zukunftswerkstätten für Perspektiven von Basel)

A. Osborne *Applied Imaginations: Principles and Procedures of Creative Thinking.* New York 1953

F. P. Polak *Prognostics.* Amsterdam/London/New York 1971

N. Postman *Das Verschwinden der Kindheit.* Frankfurt 1982

E. Schnelle (Hg.) *Neue Wege der Kommunikation.* Königstein 1978

T. Schnelle-Cölln *Visualisierung – die optische Sprache für problemlösende und lernende Gruppen.* (Metaplan-Reihe 6) Quickborn 1976^{2} (S. 9 und 13)

H. P. Sibler u. a. *Spiele ohne Sieger.* Ravensburg 1966

Sozialistisches Büro Hamburg *Palette von Darstellungsweisen* aus der Mappe: *Zukunftswerkstatt Hamburg.* 21.–23.11.1980

Statistisches Bundesamt (Hg.) *Datenreport 3.* Bonn 1987 (Werte/Zielpräferenzen, S. 458–468)

G. Ulmann *Kreativität.* Weinheim/Berlin/Basel 1968

Kontaktadressen

Nachfolgend nennen wir Adressen von Gruppen und Personen, die seit Jahren Zukunftswerkstätten durchführen und anleiten:

Zukunftswerkstätten Berlin
Kontakt: Horst Mauer/Klaus Schirra
Görlitzer Str. 37. 1000 Berlin 36

Zukunftswerkstatt Future Lab Institute
Kontaktperson: Wulf-Rüdiger Lutz
Goldersbachstr. 3. 7400 Tübingen

Zukunftswerkstatt Lüneburg
Verein für Jugend- und Erwachsenenbildung e. V.
Kontaktpersonen: Waldemar Stange/Wolf Paschen
Lüner Weg 29. 2120 Lüneburg

Zukunftswerkstatt ›Schritt weiter‹
Kontaktperson: Stephan G. Geffers
Silesiusstr. 13. 5000 Köln 80

Zukunftswerkstätten Ratingen (bei Düsseldorf)
Soziale Kreativität, Erfindungen und Experimente
Kontaktpersonen: Norbert R. Müller/Robert Jungk
Nesenhaus 17. 4030 Ratingen-Hösel 6

Internationale Bibliothek für Zukunftsfragen – Robert-Jungk-Stiftung
Kontaktperson: Walter Spielmann – vor allem für Adressen –
Imbergstr. 2. A-5020 Salzburg

Zukunftswerkstatt vor Ort
Kanal 4 entwickelt eine eigene Serie von Zukunftswerkstätten, an denen sich auch das Fernsehpublikum unmittelbar und aktiv beteiligen kann. Jede einzelne Kanal-4-Zukunftswerkstatt dauert mehrere Monate und wird in ihren verschiedenen Phasen mal als Reportage, mal als Dokumentation und mal als Life-Sendung verbreitet. Bei der Durchführung arbeitet Kanal 4 mit Initiativen, Verbänden, Organisationen, Kommunen und Betrieben zusammen. Anschrift:
Kanal 4 · Rundfunkgesellschaft in Nordrhein-Westfalen mbH
Kolumbastr. 3, 5000 Köln 1, Tel.: 02 21-23 34 44

Register

A

B

C

D

E

F

G